CULTURAS ANCESTRAIS E CONTEMPORÂNEAS NA ESCOLA

CONSELHO EDITORIAL
Ana Paula Torres Megiani
Eunice Ostrensky
Haroldo Ceravolo Sereza
Joana Monteleone
Maria Luiza Ferreira de Oliveira
Ruy Braga

Mônica do Amaral
Rute Reis
Elaine Cristina Moraes Santos
Cristiane Dias
(*Organizadoras*)

CULTURAS ANCESTRAIS E CONTEMPORÂNEAS NA ESCOLA

Novas estratégias didáticas para a implementação da Lei 10.639/2003

alameda

Copyright © 2018 Mônica do Amaral, Rute Reis, Elaine Cristina Moraes Santos e Cristiane Dias (orgs.)

Grafia atualizada segundo o Acordo Ortográfico da Língua Portuguesa de 1990, que entrou em vigor no Brasil em 2009.

Edição: Haroldo Ceravolo Sereza
Editora assistente: Danielly de Jesus Teles
Projeto gráfico, diagramação e capa: Mari Ra Chacon Massler
Assistente acadêmica: Bruna Marques
Revisão: Alexandra Colontini
Imagens da capa: <pixabay.com>

CIP-BRASIL. CATALOGAÇÃO NA PUBLICAÇÃO
SINDICATO NACIONAL DOS EDITORES DE LIVROS, RJ

C974

Culturas ancestrais e contemporâneas na escola : novas estratégias didáticas para a implementação da lei 10.639/2003 / organização Mônica do Amaral ... [et al.]. - 1. ed. - São Paulo : Alameda, 2018.
    290 p. ; 21 cm.

    Inclui bibliografia
    ISBN 978-85-7939-556-7

    1. Educação - Brasil. 2. Educação inclusiva - Brasil. 3. Cultura afro-brasileira - História. 4. Pluralismo cultural. 5. Práticas de ensino. I. Amaral, Mônica do.

18-51369   CDD: 370.981
                    CDU: 37(81)

ALAMEDA CASA EDITORIAL
Rua 13 de Maio, 353 – Bela Vista
CEP 01327-000 – São Paulo, SP
Tel. (11) 3012-2403
www.alamedaeditorial.com.br

SUMÁRIO

Prefácio 7
Jamile Borges da Silva

Apresentação: uma discussão prévia com vistas à descolonização do currículo 17

A roda de capoeira e seus ecos ancestrais e contemporâneos: reflexões sobre a importância da capoeira como cultura ancestral, arte e esporte no currículo escolar a partir das canções e da linguagem corporal 29
Valdenor S. dos Santos (Mestre Valdenor)

Serviço de preto, muito respeito: introdução às discussões sobre as raízes do racismo, da discriminação no Brasil e história africana por meio do rap 69
Kleber Galvão de Siqueira Junior

Hiphopnagô: letramentos rítmicos e sonoros 115
Cristiane Correia Dias
Maria Teresa Loduca

Conversas com versos: o rap na disciplina de História como meio de estudo autobiográfico 143
Daniel Bidia Olmedo Tejera (Daniel Garnet)

Entre o teatro negro e a literatura: revelações e valorização   183
das culturas afro-brasileiras no currículo do ciclo autoral
Dirce Thomaz

O samba e a cultura afro-brasileira na escola   215
Jefferson Barbosa

Griot Digital: ressignificando a ancestralidade afro-   235
brasileira na educação
Elaine Cristina Moraes Santos

Grupo de estudos junto à coordenação pedagógica para   271
pensar a questão étnico-racial

A formação da coordenação pedagógica e a questão   275
étnicorracial na escola
Maria Patrícia Hetti

O grupo operativo como estratégia de reflexão: a   281
experiência de docência compartilhada
Ohara de Souza Coca

Considerações finais   285

PREFÁCIO

Jamile Borges da Silva[1]

Fui provocada pelo grupo que organiza esse livro a prefaciá--lo. De pronto aceitei, pela trajetória comprometida e pela seriedade intelectual de seus membros. Todavia, o que ainda não sabia era o tamanho da responsabilidade de produzir uma *leitura-síntese* que não seja o exercício da vaidade intelectual, mas que seja *afetivamente* uma interpelação aos meus próprios conceitos lançando mão das diferentes ferramentas com que se dispuseram a enveredar pelas sendas das escolas púbicas da cidade de São Paulo.

Escrevo esse prefácio numa condição singular, distante do meu *topos* geopolítico e da minha luminosa cidade, São Salvador da Bahia.

Foi com intenção de ampliar minhas reflexões sobre o campo dos estudos descoloniais e seus desdobramentos no horizonte político e formativo das Universidades Latino-americanas que busquei o *Centro de Investigaciones Multidisciplinarias en Educacion da Universidad Nacional de Mar Del Plata (UNMDP)*, onde me encontro – nesse exato momento-realizando parte do meu trabalho Pós-Doutoral, que se iniciou em junho de 2017, no Centro de Estudos Internacionais da Universidade de Lisboa, esperando poder contribuir com as experiências e pesquisas realizadas no triângulo Brasil/Portugal/Argentina.

É desse lugar, dessa cidade balneária tão importante para a história da Argentina em sua luta pelos caminhos da democracia, que busquei construir outras *paisagens intersticiais*,[2] isto é, espaços para estabelecer refúgios, criar novos laços e ressemantizar nossas práticas e memórias escolares no contato com colegas investigadores do eixo Sul-Sul. Esse

---

1 Professora Adjunta da Faculdade de Educação da Universidade Federal da Bahia/UFBA. Antropóloga. Investigadora do Centro de Estudos Afro-Orientais da UFBA.

2 Tomo de empréstimo essa noção do investigador argentino José Trainer da Universidad Nacional de Rosario/AR, 2017

grupo de investigação assume a *paixão* como categoria analítica e nos inspira a reconhecer a necessidade de refletir sobre nossa atividade docente e os modos como ajudamos ou encarceramos sonhos, projetos e horizontes de ação emancipatórios de nossos estudantes.

Categorias como *urdidumbre ética que conjuga intelecto y afectos*, é outra categoria nativa do grupo de investigações multidisciplinares em educação da UNMDP – e que *ponen en el centro del escenario de percepcion, el amor, el deseo y las passiones em las aulas a partir de las biografias de professores que han sido designado como memorables por sus estudiantes* (Porta, 2017).[3]

Outra fonte de inspiração para essa conversa, veio do filósofo congolês Valentin Mudimbe que cunhou o conceito de *biblioteca colonial*, isto é, uma série de conceitos que se constituíram como um conjunto de saberes, transatlânticos e com a marca da colonialidade.

Levar adiante uma proposta contra-hegemônica e descolonial implica em revisitar essa "biblioteca colonial" incorporando a construção daquilo que poderíamos chamar de uma 'biblioteca descolonial'. Mas o desafio é ainda maior. É preciso articular e tecer outras matrizes a partir do Pensamento Social da América Latina, do Oriente, da Ásia, da África, enfim, outra mirada que desmantele a epistemologia do *ponto zero* da ciência moderna como adverte Castro-Gómez (2005).[4]

Nesse sentido, as pesquisas desenvolvidas aqui demandam lentes novas e outro vigor para o trato com temas sensíveis à história das populações afro-brasileiras, a exemplo das memórias da escravidão, da dor, das lutas e resistências da capoeira em sua inventividade para sobreviver ao projeto de criminalização de sua arte/ciência, novas

---

3   PORTA, Luis. *Pedagogias Vitales:* cartografias del pensamiento y gestos ético-políticos em perspectiva descolonial. 1ª. Ed., Mar Del Plata, EUDEM, 2017.

4   CASTRO-GÓMEZ, S. *La hybris del Punto Cero:* ciência, raza e ilustración em la Nueva Granada (1750-1816), Bogotá: Editorial Pontificia Universidad Javeriana, 2005.

estratégias didático-empíricas para refletir sobre processos de curadorias e expografias do tráfico transatlântico e as formas singulares de *re-existência* das populações negras como se pode ver no Museu Afro-brasileiro de São Paulo.

Em 2008, o sociólogo polonês Z. Bauman,[5] conhecido por tratar das tensões que envolvem a chamada 'modernidade líquida', escreve um texto crucial para as reflexões descoloniais a que nos propomos nessa conversação. Intitulado *Arquipélago de exceções*, o livro trata do estado de suspensão jurídica e da profunda desigualdade que tem afetado homens e mulheres ao redor do mundo. Adotando a metáfora do arquipélago, o autor reflete sobre esse 'lugar' como um espaço – ou ilhas – em que todos os que estão fora da normatividade – branca, hetero, cisnormativa e ocidental – são colocados e exilados de seus direitos fundamentais, vivendo numa condição eterna de fronteira e marginalidade. Vivem como párias, entregues à própria sorte por um estado moderno, neoliberal e ainda essencialmente patriarcal e colonial.

Antes de Bauman, a pensadora indiana G. Spivak[6] publicou um artigo que, ao lado dos livros já citados, tornou-se outro cânone do pensamento e da crítica pós-colonial: *Pode o subalterno falar?*

A obra de Spivak é uma profunda crítica à intelectualidade que pretende falar em seu nome, alegando que "nenhum ato de resistência pode ocorrer em nome do subalterno sem que esse ato seja imbricado no discurso hegemônico".

(Re)pensar, portanto, a descolonialidade no contexto brasileiro implica (re)criar *epistemologias atentas* aos contextos e marcas culturais locais através da formulação de abordagens interseccionais que abarquem os diferentes marcadores sociais como gênero, sexualidade, raça, classe. Significa ainda aprender a ler a gramática desses novos tempos e a emergência de um novo léxico: hibridismos, su-

---

5   BAUMAN, Z. *Archipélago de excepciones*: Katz editores, 2008.
6   SPIVAK, G. *Can the Subaltern Speak?* Londres: Macmillan, 1998.

balternidade, deslocamentos forçados, migrações, pós-colonialidade, geopolítica, entre outros.

Assim, o empreendimento interpretativo e metodológico adotado pelo grupo de investigação que apresenta esse livro tem, já de partida, o mérito de reconhecer nos registros biográficos – tomados como exercício metodológico-epistemológico – como as vidas potentes de jovens e docentes de escolas públicas e periféricas de SP merecem ser narradas como exercício descolonial para apontar outras miradas, projetos e desejos.

É, portanto, um trabalho que se ancora nas vivências do samba, do *Hip-hop e do Rap* em sua polifonia, sua prosa valente, inspirando letramentos outros, fazendo ecoar as itinerâncias freirianas em nome de aprendizagens significativas. Do mesmo modo, esse trabalho presta homenagem ao Teatro Negro de Abdias do Nascimento que abriu as portas ao trabalho e à *performance* de jovens negros para a dramaturgia, ao tempo em que escancarava o racismo estrutural do Brasil.

Os registros biográficos e memorialísticos são importantes para nos auxiliar na leitura das distintas formas de descrever as temporalidades presentes nos relatos de experiência das pessoas, sobretudo aquelas que não se encaixam nas narrativas crononormativas idealizadas pelo empreendimento colonial e pelos imperialismos, de certa maneira, ainda vigentes.

Este livro reflete o amadurecimento crítico do grupo de pesquisa que propõe diversos modos de atravessamento da prática pedagógica, estabelecendo diálogos interdisciplinares com as teorias críticas e pós-colonial, amplificando as tensões e as inquietações decorrentes da instabilidade das políticas públicas no Brasil, sua continuidade e o declínio das utopias de esquerda, que nos últimos anos foram fundamentais para tornar mais democráticos os mecanismos de distribuição de renda e a inserção da parcela mais pobre da população nas universidades públicas.

Promover o debate sobre a adoção das Políticas de Ação Afirmativas no Brasil, com a implementação da Lei 10.639/2003, mostra como é importante a criação de mais grupos de estudos e pesquisas sobre o tema da diáspora e das relações raciais neste que foi o último país no mundo a abolir formalmente a escravidão.

Com textos que resultam de pesquisa e de experimentos em escolas da rede pública do Estado de São Paulo por jovens pesquisadores(as), assim como de projetos de investigação de investigadores(as) mais experimentados no trato com a prática e o manejo de diferentes *corpus teóricos*, esse livro apresenta uma rica diversidade de temas, abordagens e perspectivas.

Sabemos que os currículos de nossas escolas funcionam como vetores ainda estratégicos de manutenção do discurso da colonialidade do saber e poder – como apontava o sociólogo Peruano Aníbal Quijano – e que essas matrizes curriculares necessitam ser alvo de propostas de intervenção não apenas no campo da difusão de outras epistemes/alteridades, mas também projetos onde a *poiéses* se instale como substrato necessário à formação de indivíduos comprometidos, ética, política e esteticamente com a transformação social.

Em nossas trajetórias temos tentado romper a senda da intolerância histórica no campo do currículo buscando produzir modos de ser e fazer (como aposta Michel de Certeau) que incorpore outra lógica na produção do conhecimento: narrativas mais compartilhadas com aqueles que vivenciam as salas de aula e as experiências de convivencialidade em lugar de "falas" autorizadas para os pares.

Esse livro que chega às suas mãos está pleno de fecundâncias, de pedagogias que incitam Outridades e subjetividades animadas por aquilo que eu chamo de *Epistemologias Atentas,*[7] isto é, longe de buscar a obsessão fundacional das genealogias ocidentais com os *pais*

---

7   SILVA, Jamile B. da. *Notas pedagógicas:* por otras narrativas vitales y gestos descoloniales. IV Jornadas de Investigadorxs, grupos y proyectos de

fundadores da ciência – pensamento falocêntrico –, me interessa por em perspectiva aquilo a que Blaise Pascal chamou de *sprit de finesse* e *sprit de geometrie*8 para se referir a diferentes racionalidades na produção do conhecimento.

Enquanto a geometria corresponde aos ditames da ciência positiva e da razão prática, o espírito de *finesse*, a delicadeza, diz respeito ao campo da compreensão, da atenção, da escuta e da compaixão. São epistemologias assentes na escuta sensível, no trato ético com os saberes das populações subalternizadas, no entendimento da delicadeza que compõe a sofisticação daqueles saberes produzidos nas fronteiras, nas bordas de nossas academias e centros de investigação.

Epistemologias atentas, no sentido de *Ad-tendere*, ou seja, pôr-se à serviço de modo verdadeiramente interessado nas produções desses jovens negros e negras das periferias; nos saberes das rodas de outra cena em que a capoeira é espaço de conversação sem afastar ou hierarquizar homens e mulheres; estar vigilante às armadilhas do sistema-mundo-colonial-patriarcal-moderno; ser respeitoso com os saberes intergeracionais e multirreferenciais; ser comedido na crítica àqueles que habitam as diferenças de raça, classe e gênero; ser afetuoso na (re)escrita das narrativas e biografias *dos(as) nossos(as) interlocutores(as)*.

Enfim, esta obra é um desafio sensível em tempos de obscurantismo. É uma tessitura com muitas mãos, muitos passos e muitas geografias habitadas por seus pesquisadores e estudantes. É disruptivo e perturbador no melhor sentido desses termos. Desestabiliza nossas crenças e organiza-se como um livro de denúncia: contra as ausências e os imperativos totalizadores que apagaram os discursos

---

investigación em educación. Universidad Nacional de Mar del Plata/ UNMDP, 12 e 13 de abril de 2018.

8 PASCAL, Blaise. *Pensamentos*. Tradução Mário Laranjeira. São Paulo: Martins Fontes, 2005.

das periferias do mundo, apresentam um livro-vivência que aporta as experiências de docentes com as práticas vividas de seus interlocutores, produzindo a emergência de outras pedagogias. *Pedagogias vitais*[9] como propõem nossos colegas Yedade & Porta (2017) que se constroem em outras paisagens semióticas, outros signos distintivos de saber (poesia, rap, hip-hop, capoeira) e outros horizontes desejantes.

É também um livro que convoca ao combate. Provoca desde nossos confortáveis lugares de ação docente a um ativismo descolonial; a assumir as lutas junto com as populações subalternizadas sem nos arrogar o direito de falar por elas.

Mais que um livro como corolário de pesquisas, é um desafio a recriar outros dispositivos e postular outras ontologias como exercício de descolonialidade.

Mar Del Plata, Argentina
abril de 2018

---

9   YEDADE, Ma.M. & PORTA, Luis. *Pedagogias Vitales:* cartografias del pensamento y gestos ético-políticos em perspectiva descolonial. 1ª. Ed., Mar Del Plata, EUDEM, 2017.

APRESENTAÇÃO

Uma discussão prévia com vistas à descolonização do currículo

Mônica G.T. do Amaral[1]
Rute Reis[2]
Elaine Cristina Moraes Santos[3]
Cristiane Dias[4]

O leitor encontrará nesta coletânea um conjunto de estratégias didáticas renovadas, entremeadas por relatos de experiências de docências compartilhadas entre pesquisadores da universidade, artistas populares e professores da rede municipal de ensino da cidade de São Paulo. Tratam-se de propostas amadurecidas ao longo de três anos de pesquisa[5] em duas escolas públicas, EMEF Saturnino Pereira, situada na Cidade Tiradentes e EMEF Roberto Mange, no Rio Pequeno, cujo objetivo era construir com os professores, estratégias de aula e a construção prática de atividades que contemplassem as artes ancestrais, como a capoeira e o maculelê e contemporâneas, como o hip-hop e o funk, para o ensino de história da África e culturas afro-brasileiras.

Nossa proposta surgiu das dificuldades encontradas para a implementação da Lei 10.639/03 nas escolas de ensino fundamental e médio. Pretende contribuir para a descolonização do currículo e provocar tensões no interior da própria transmissão do saber técnico-científico

---

1 Profa Associada da Faculdade de Educação da USP e Pesquisadora responsável pelo Projeto de Políticas Públicas.

2 Diretora da EMEF Saturnino Pereira, ProfaDra da Universidade Brasil e Pesquisadora Principal do Projeto de Políticas Públicas.

3 Doutoranda do Programa de Pós-Graduação em Educação da FEUSP.

4 Mestranda do Programa de Pós-Graduação em Educação da FEUSP.

5 Projeto de Pesquisa de Políticas públicas: *O ancestral e o contemporâneo nas escolas:* reconhecimento e afirmação de histórias e culturas afro-brasileiras (processo: FAPESP: 2015/50120-8), em parceria com a Faculdade de Educação da Universidade de São Paulo.

veiculado pelas disciplinas escolares, além de criar novas estratégias didáticas para o ensino de história, literatura, geografia, inglês, português, educação física, entre outras disciplinas, por meio da música, da poesia, da dança e de lutas ancestrais. Ao mesmo tempo, a ideia era superar hierarquias de saberes e conhecimentos, pela via do reconhecimento das contribuições das culturas que foram renegadas ou distorcidas pelo saber acadêmico, marcadamente monocultural e eurocêntrico.

A construção da docência compartilhada envolveu, inicialmente, toda uma troca de conhecimentos e saberes entre o(a) professor (a), com sua experiência em sala de aula e os pesquisadores(as) e artistas que traziam os saberes populares, fazendo emergir representações, musicalidade e formas de ver e conceber o mundo, que foram sistematicamente negadas pelo pensamento ocidental e, por consequência, pelas instituições sociais e pela escola, em particular. Não se pode esquecer que a Lei 10.639/03, em sua redação inicial, indica a importância de se estabelecer uma íntima relação entre os agentes escolares e os movimentos sociais do campo e da cidade, como forma de se promover um diálogo formativo que propiciasse o encontro da escola com os saberes acumulados por diversas comunidades e etnias afro-indígenas, fundamentados sobretudo na transmissão oral. Esta como condição da preservação e do reconhecimento de inúmeras culturas – ancestrais e contemporâneas – que constituem o rico matizado do Brasil e das Américas.

Houve, a partir desses encontros, um longo percurso envolvendo o processo de tessitura das aulas, que pressupunha o planejamento antecipado das aulas, a preparação e a seleção do material a ser discutido com os alunos, e pensar nas formas de diálogo entre cada área de conhecimento e os saberes populares.

Um momento importante de nosso trabalho conjunto entre a equipe de pesquisadores e professores das duas escolas – a EMEF Saturnino Pereira e a EMEF Roberto Mange – foi a visita feita ao Quilombo Ivaporunduva no final de 2016, que conferiu uma nova dimensão aos estudos que fizemos sobre a história de resistência do negro no Brasil desde os tempos coloniais até o tempo presente.

Nesse sentido, cada um dos professores, coordenadores e pesquisadores, incluindo entre estes, artistas e estudantes de graduação e de pós-graduação, deixaram-se penetrar pela vida da comunidade quilombola, com suas árduas lutas pela conquista e manutenção de seus direitos, podendo extrair dessa experiência o que há de mais humano desse nosso Brasil profundo. A ruptura de uma percepção romantizada do quilombo, no entanto, foi experienciada por alguns com certa decepção, e por outros, com clareza sobre os desafios que se impõem perante o avanço das leis do mercado na região. Em todo caso, foi unânime a percepção de que há muito o que fazer, sobretudo no plano da educação quilombola, levando consigo a importância de se conhecer as consequências do sistema escravocrata implantado no país, não apenas na cidade, mas na vida daqueles que nos fazem lembrar mais diretamente de quão árdua tem sido a luta pelos direitos à terra e à moradia e de uma vida digna para os afrodescendentes de nosso país.

Outra importante iniciativa da pesquisa foi promover a visita ao Museu Afro-Brasil, que tinha como objetivo propiciar aos (às) alunos (as), do Saturnino e do Mange, um contato vivo com os diversos temas estudados a respeito da história do negro no Brasil, da diáspora afro-americana do Atlântico e de suas lutas de resistência política e cultural. Sentiu-se, ainda, a necessidade de se debruçar sobre a religião afro-brasileira, especialmente sobre a importância dos Orixás, uma vez que surgia, com certa frequência, uma resistência por parte dos alunos e um silenciamento por parte dos professores em relação às manifestações culturais de matriz africana. Estas eram identificadas, em sua imediatez, à magia, sendo, muitas vezes, demonizadas e, de um modo distorcido e estereotipado, eram associadas à macumba.

Desde o início, durante nossas conversas com os (as) professores (as) – seja em reuniões de planejamento conjunto, seja em meio às discussões teóricas nos grupos de estudos, ou mesmo nos grupos operativos – ficou clara a importância de articularmos todas essas nossas experiências de formação dentro e fora da sala de aula com o acúmulo de propostas e reflexões do conjunto dos(as) professores (as), muitas delas registradas nos documentos elaborados em reuniões de formação promovidas pela SME na gestão Haddad. Com a mudança de gestão municipal, muitas dessas discussões, em particular sobre as questões etnicorraciais ficaram rarefeitas. Foi possível, no entanto, tomar em consideração as diretrizes curriculares da atual gestão municipal, procurando dar ênfase às culturas afro-brasileiras.

Estas diversificadas formas de trabalho conjunto entre professores (as), artistas e pesquisadores(as) e alunos(as) conduziram-nos a uma série de reflexões teóricas, que nos pareceu refletir adequadamente o saber renovado que estávamos construindo, constituindo-se em uma forma de nos aproximarmos das culturas populares que há muito vinham sendo apagadas e negadas de nossa memória coletiva.

Não se pode esquecer que o projeto de modernidade implantado no país, como apontado por Roberto Schwarz,[6] se deu graças à estranha combinação que se fez presente desde o início, entre o projeto de modernização e a barbárie herdada do regime escravocrata. Uma combinação esdrúxula, cujos resquícios se fazem presentes ainda hoje na mentalidade escravocrata internalizada pela elite, criando-se uma hierarquia camuflada – entre o pobre/rico, entre o negro/branco, entre o branco/negro/mestiço – sob os auspícios da ideia de democracia racial, gerando, na verdade, o que Kabengelê Munanga[7] chamou de "racismo à brasileira".

---

6   Schwarz, Roberto. *Ao vencedor as batatas*. São Paulo: Duas Cidades, 1977.
    _____. *Um mestre na periferia do capitalismo*. São Paulo: Duas Cidades, 1990.
7   Prefácio de Kabengelê Munanga. In: CARONE, Iray e BENTO, Maria Aparecida Silva. *Psicologia social do racismo* - estudos sobre branquitude e branqueamento no Brasil. 6ª edição, RJ: Vozes, 2017.

Um projeto que exigiria, como sustenta Boaventura de S. Santos (2017),[8] renovar as bases ocidentais da teoria crítica e tensioná-la a partir de uma "objetividade engajada", de uma "subjetividade rebelde" e de "ações rebeldes" que venham a expandir a experiência do presente e contrair a do futuro para deste cuidar com atenção e adequá-los – tanto o presente, quanto o futuro - às necessidades e aos modos de viver e de pensar dos países situados no hemisfério sul, considerados "subdesenvolvidos" ou "em desenvolvimento". Ora, para tanto, propõe uma *Epistemologia do Sul* que rompa com os cinco sentidos do monoculturalismo ocidental: do saber e do rigor científicos, do tempo linear, da naturalização das diferenças, da escala dominante e do produtivismo capitalista.

Procurou-se retomar essas ideias do autor e repensar particularmente os conceitos de "emancipação", trabalhados por T.W, Adorno (1995)[9] e de "reconhecimento", tal como concebido por Axel Honneth (2003),[10] ambos identificados com a teoria crítica, a partir da leitura proposta por Achille Mbembe, autor do livro *Crítica da Razão Negra* (2017),[11] uma vez que este último pareceu-nos aprofundar o debate travado por Boaventura acerca da epistemologia do sul, com base no debate afrocêntrico. Nesta obra, Mbembe defende a descolonização do modo de pensar europeu com base no respeito ao outro, acompanhada de uma ampla concepção de justiça e de responsabilidade social, para cuja efetivação haveria que se promover a reparação

---

8   SANTOS, Boaventura de Souza. *Renovar a teoria crítica e reinventar a emancipação social*. São Paulo: Boitempo, 2017.
9   ADORNO, Theodor W. *Educação e emancipação*. Rio de Janeiro: Paz e Terra, 1995.
10 HONNETH, Axel. *Luta por Reconhecimento*: a gramática moral dos conflitos sociais. 1ª. Ed. São Paulo: Editora 34, 2003.
11 MBEMBE, Achille. *Crítica da Razão Negra*. Tradução de Marta Lança. Portugal, Lisboa: Antígona,2017.

do racismo infligido aos povos negros, cujo legado seria o racismo institucional.

A ideia era analisar como o hip-hop e a capoeira – ou seja, as culturas contemporâneas e ancestrais estudadas por nós – realizam, de algum modo, este diálogo tensionado entre uma epistemologia do sul e a crítica da razão negra. O hip-hop, ao propor um modo contundente de afirmação de tudo que tem sido negado aos nossos afrodescendentes, ao mesmo tempo, que, valendo-se da ironia, exercitam uma sorte de pensamento crítico-destrutivo justamente em relação aos pilares da razão moderna ocidental – liberdade, igualdade e fraternidade. Pilares que Boaventura considera essencial serem repensados de acordo com uma epistemologia do sul e que Mbembe sugere que sejam alargados em direção à construção do "devir-negro" do mundo.

Já as músicas de capoeira, seu ritual e debates travados pelos Mestres de capoeira nos levam a repensar a história da diáspora e do negro no Brasil, com ênfase nas raízes históricas do preconceito e exclusão dos afrodescendentes do mundo do trabalho e da escolarização.

Emancipação estética do negro

Uma das questões que permeou nosso trabalho de intervenção artística nas escolas por meio das docências compartilhadas, algo que foi reforçado pelas lembranças suscitadas entre os(as) alunos(as) durante as atividades, era de como despertar a memória das culturas afro-brasileiras que se mantinha adormecida na memória coletiva. Ao longo de nosso trabalho, percebemos que esta memória foi sendo despertada por meio de expressões estéticas contemporâneas (como o *graffiti*, o *breaking* e o *rap*) e de práticas ancestrais como a capoeira, a qual é mantida viva ainda hoje pelos (as) mestres.

Desta forma, o debate sobre a questão da diáspora afro-americana tornou-se fundamental justamente para que pudéssemos nos aprofundar na construção das culturas e identidades híbridas em nosso país.

A diáspora africana do Atlântico, bem como aquela promovida pelo período pós-colonialista, resultaram em toda uma reconceituação no campo histórico-filosófico que pôs em questão a própria ideia de Estado e, como afirma Gilroy (2012),[12] produziu identidades e culturas diaspóricas. O autor menciona, nesse sentido, as culturas diaspóricas como resultado de um longo processo de hibridação.

Desde os anos idos de 1970, a juventude negra periférica tem encontrado na estética engajada do *hip-hop* um modo de restaurar sua identidade étnico-racial, ao mesmo tempo em que afirmava sua identidade na linha tênue que a diáspora do Atlântico lhe reservara para se constituir como sujeito por meio de uma arte de rua feita às margens, mas que conforme o filósofo Christian Béthune (2003),[13] provoca uma ruptura com a tradição ocidental da arte contemplativa e joga o sujeito no "coração da ação" por meio de "atos de linguagem". E que, a nosso ver, desloca-a da periferia para o centro como fizeram os *grafittis* de New York que acompanhavam o ir e vir dos trens do metrô. O *hip-hop*, ao promover uma prática comunicativa real, concreta e performática remete-nos a toda uma corporeidade perdida com o advento da escrita e a invenção do alfabeto e a uma ancestralidade oral, de matriz africana. O *rapper*, por sua vez, converte-se no cronista contemporâneo das sociedades periféricas. E quando o DJ realiza mixagens musicais nas bases do *rap* – associadas nos EUA, aos ritmos do *jazz*, *blues* e cantos gospel e no Brasil, aos ritmos do samba, do repente e da embolada, muitas vezes ritmadas pelos atabaques – promove, não apenas a telescopia histórica, que supõe tomar os fenômenos do passado e vê-los com as lentes do presente, mas também provocam verdadeiras rupturas de campo em nossa escuta inconsciente individual e coletiva.

Daí o entendimento que propomos neste livro, com nossas propostas didáticas, de não apenas construir as bases de uma epis-

---

12   GILROY, P. (2012). *O Atlântico Negro*: modernidade e dupla consciência. São Paulo: Editora 34.
13   BÉTHUNE, C. (2003). *Le rap:* une esthétique hors de la loi. Paris: Autrement.

temologia do sul, como sugere Boaventura de Souza Santos, mas de propiciar uma formação que restitua o lugar de fala às populações historicamente prejudicadas – que no caso do Brasil são os afrodescendentes e indígenas – de modo a constituir uma consciência crítica e impulsionar ações emancipatórias entre alunos, mas também nas práticas cotidianas escolares.

Acreditamos que todo esse debate teórico, assim como as estratégias didáticas apresentadas nos capítulos deste livro, possam fornecer as chaves de leitura de um fenômeno estético e de afirmação étnico-racial contemporâneo da juventude negra periférica, como, por exemplo, as diversas artes reunidas no movimento hip-hop. Ao mesmo tempo, as artes ancestrais, como a capoeira e o maculelê, puderam ser vivenciadas pelos(as) alunos(as) resgatando sentidos e significados, capazes, inclusive, de dialogar com as culturas contemporâneas.

Diretrizes curriculares para a implementação da lei 10639/03

A história da África é importante para nós, brasileiros, porque ajuda a explicar-nos.

Alberto Costa e Silva

Você sabia que o Decreto nº 1.331, de 17 de fevereiro de 1854, não admitia escravizados nas escolas públicas de nosso país? Você tinha conhecimento que o Decreto nº 7.031-A, de 6 de setembro de 1878, estabelecia que os negros só podiam estudar no período noturno? Você já ouviu falar de todas as estratégias políticas que foram realizadas no sentido de impedir o acesso da população negra às unidades escolares?

Ainda que na Constituição de 1988, tenha sido declarada a democratização do ensino público com ênfase na cidadania, na dignidade e no acesso igualitário à educação, a realidade do Brasil é marcada por inúmeras manifestações de preconceito, racismo e discriminação em relação aos afrodescendentes. O Brasil, durante os períodos da Colônia, do

Império e da República, manteve historicamente, dos pontos de vista, legal e educacional, uma postura excludente diante de determinados povos e foi apenas nos últimos anos que isso começou a mudar. Por isso, algumas iniciativas representaram avanços significativos em termos de políticas públicas, rompendo com o modelo educativo excludente que o Brasil fomentou ao longo de sua história. O governo federal, a partir da eleição do Presidente Luiz Inácio Lula da Silva, redefiniu o papel do Estado como propulsor das transformações sociais, a partir do compromisso com os direitos humanos básicos e da luta contra as desigualdades raciais. Com a criação da Secretaria de Educação Continuada, Alfabetização e Diversidade (SECAD) e a implementação da Lei 10.639/03 a questão racial ganhou destaque na agenda nacional rumo a uma sociedade mais justa e igualitária, que visa a reparação dos perversos efeitos de praticamente cinco séculos de preconceito, discriminação e racismo. Com a reestruturação do MEC e as novas Diretrizes Curriculares Nacionais para a Educação das Relações Étnico-Raciais e para o Ensino de História e Cultura Afro-Brasileira e Africana, o Estado "assume o compromisso histórico de romper com os entraves que impedem o desenvolvimento pleno da população negra brasileira" (Brasil, 2004, p.8). As políticas de ações afirmativas que surgem com a criação da lei têm o papel de reconhecer e valorizar a história, a cultura e a identidade da população afrodescendente fazendo com que o Estado e a sociedade reparem os danos psicológicos, materiais, sociais, políticos e educacionais aos quais foram submetidos os descendentes de africanos ao longo de uma história de opressões e exclusões que se desenvolveu sob o regime escravista e sob políticas explícitas de branqueamento e de exclusão.

As atuais diretrizes curriculares nacionais para a Educação Básica orientam que a experiência escolar seja capaz de articular os saberes dos (as) alunos (as) com os conhecimentos historicamente acumulados, para que haja uma formação ética e estética, baseada em valores e atitudes que possam reverberar no todo social. Quanto ao ensino da História do Brasil, as novas diretrizes nacionais levam em consideração as contribuições das diferentes culturas e etnias para a formação do povo brasileiro (art. 26, §4º da LDB), assegurando o conhecimento e o reconhecimento dos diferentes povos para a constituição da nação. A transversalidade também é um ponto em destaque como uma maneira de trabalhar as áreas de conhecimento e os temas sociais em uma perspectiva integrada. Para isso, os projetos interdisciplinares devem ser formulados a partir de questões da comunidade no intuito de fortalecer uma sociedade mais inclusiva, democrática, próspera e sustentável.

Contudo, sabemos que, muitas vezes, as condições materiais e concretas das escolas impedem que estas políticas se efetivem no contexto da sala de aula. Afinal, tais orientações não dizem respeito apenas às mudanças no âmbito do discurso, mas na mentalidade, no raciocínio, na postura, no comportamento e em toda uma cultura escolar que já funciona há muitos anos do mesmo modo. Exige que os professores conheçam uma história que a eles foi negada em sua formação e exige a desconstrução do mito da democracia racial que há séculos omite a estruturação social profundamente hierarquizada e opressora à qual o negro foi submetido.

Assim, o nosso papel, enquanto grupo de pesquisa ligado à Faculdade de Educação da USP, é contribuir, de algum modo, para que os estabelecimentos de ensino tenham condições de se comprometer com as novas orientações, no sentido de promover uma educação compromissada com o entorno sociocultural da escola e com a formação de cidadãos capazes de transformar as relações sociais e étnico-raciais em um processo mais justo e democrático. Deste modo, este material trará parte de uma experiência realizada na escola que resultou em algumas estratégias didáticas inovadoras. Pretendemos apresentar nas páginas que se sucedem, não uma proposta metodológica engessada, mas algumas possibilidades a serem construídas diante da realidade escolar que cada experiência é capaz de promover.

1. A RODA DE CAPOEIRA E SEUS ECOS ANCESTRAIS E CONTEMPORÂNEOS: REFLEXÕES SOBRE A IMPORTÂNCIA DA CAPOEIRA COMO CULTURA ANCESTRAL, ARTE E ESPORTE NO CURRÍCULO ESCOLAR A PARTIR DAS CANÇÕES E DA LINGUAGEM CORPORAL

Apresentação

Na docência compartilhada da capoeira, conduzida pelos Mestres Valdenor e Da Bahia,[1] procurou-se abordar a história desta arte/luta ancestral como parte das lutas de resistência da população negra de nosso país desde a época colonial até a República, sempre explorando o sentido dos cânticos e dos próprios movimentos de defesa da capoeira. Noutros momentos, foi possível inclusive o ensino dos instrumentos musicais da orquestra da capoeira – como do berimbau, do atabaque e do pandeiro. Mestre Valdenor pode explorar, ainda, a participação dos capoeiristas nas guerras e lutas abolicionistas, sempre ressaltando as inúmeras dificuldades encontradas para o reconhecimento desta prática ancestral, que embora hoje reconhecida como patrimônio cultural,[2] enfrentou a discriminação e o preconceito por vários séculos. Não se pode esquecer que sua prática foi considerada crime e incluída enquanto tal no Código Penal Brasileiro (Decreto nº 847, de 11 de outubro de 1890), sendo revogada apenas em 1936, durante o governo de Getúlio Vargas.

Procurou-se demonstrar ainda que a capoeira é uma expressão de resistência das mais antigas de nossos afrodescendentes contra toda e qualquer forma de opressão e discriminação, cujas músicas e letras são uma forma de não esquecer a barbárie cometida em território brasileiro sob o regime escravocrata.

Se acompanharmos as práticas descritas pelo Mestre, percebemos como as resistências dos(as) alunos(as) a entrar em contato com

---

1   Em parceria com a Profa Rosana Divino e Juliana Borges (Profas da EMEF Saturnino Pereira) e Alessandro Marques da Cruz (Prof. da EMEF Roberto Mange).

2   A capoeira foi elevada à categoria de Patrimônio Cultural Imaterial do Povo Brasileiro pelo IPHAN – Instituto do Patrimônio Histórico e Artístico Nacional, Ministério da Cultura, em em 15/07/2008. Disponível em: http://portal.iphan.gov.br/portal/baixaFcdAnexo.do?id=3224. Acesso em: mar.2015.

o ritual da capoeira, ou mesmo com sua história e lutas por reconhecimento, foram rompidas pelo modo atencioso e a delicadeza com que tratava as diferentes performances dos(as) alunos(as). Foi um exemplo de como se colocar em prática a Paideia afro-brasileira, que foi considerada por Vilém Flusser (1998)[3] responsável pela dominância negra em nossa cultura, a despeito de todas as perseguições sofridas.

Para os Mestres Da Bahia e Valdenor, o debate sobre a luta pelo reconhecimento de Axel Honneth toca diretamente em todos os pontos da luta dos capoeiristas, seja do ponto de vista pessoal, jurídico ou da estima social. Lutas fundamentais para a autoestima e autorespeito do afrodescendente.

Falou-se muito sobre as lutas de resistência do escravizado, para cujo êxito foi fundamental o desenvolvimento da luta da capoeira, disfarçada em dança, como forma de aglutinar os povos escravizados e fortalecê-los no interior do movimento abolicionista.

Ao mesmo tempo que cantavam e jogavam capoeira com os(as) jovens, iam esclarecendo que as músicas sempre se referiam a algum episódio histórico importante da história de resistência do negro, como a canção *Marinheiro só*, que fala da participação dos capoeiristas na guerra do Paraguai, ou *Meia Lua*, que conta a história do Mestre Bimba. Este procurou formalizar alguns movimentos da capoeira como estratégia para obter o reconhecimento da capoeira e sua descriminalização pelo governo Vargas, em 1937.

Enfim, as rodas de capoeira, com seus cânticos e responsórios, constituíram-se em uma forma muito agradável de troca de informações sobre a história não contada de nossos afrodescendentes.

---

3   FLUSSER, Vilém. *Fenomenologia do Brasileiro:* em busca de um novo homem. Primeira edição em português organizada por Gustavo Bernardo. Rio de Janeiro: UERJ, 1998.

A Roda de Capoeira e seus ecos ancestrais e contemporâneos: reflexões sobre a importância da capoeira como cultura ancestral, arte e esporte no currículo escolar a partir das canções e da linguagem corporal

Valdenor S. dos Santos[4]

A Liberação política não elimina a presença do colonizador. Ele continua na cultura imposta e projetada no colonizado. O trabalho educativo pós-colonial se impões como tarefa de descolonização das mentes e dos corações. (ROMÃO E GADOTTI,2012, p.101).

A autorrealização do indivíduo somente é alcançada quando há, na experiência de amor, na possibilidade de autoconfiança, na experiência de direito, o auto- respeito e, na experiência de solidariedade, a autoestima. (HONNETH, 2003).

---

4   Mestre de capoeira e Mestre em Educação pelo Programa de Pós-graduação da FEUSP.

As experiências de docência compartilhada com a capoeira ocorreram em duas EMEFs: SATURNINO PEREIRA, sob a direção da Prof.ª Dra. Rute Rodrigues, localizada no bairro de Guaianases, Zona Leste de São Paulo, onde o presente trabalho contou com a presença do Mestre de Capoeira Valdenor Silva dos Santos e a Professora de Língua Portuguesa, Rosana Divino. b) ROBERTO MANGE, situada na Rodovia Raposo Tavares, KM 17.3, Jardim Ester, Zona Oeste. Nesta EMEF, o Projeto passou por duas gestões na Direção, a da Prof.ª Guilhermina Dias Aleixo Sobral e a do Prof. João Felipe Rebelo Goto. Em ambas as gestões, o trabalho foi realizado por meio da parceria do Mestre de Capoeira Hipólito Roberto da Silva (Da Bahia) e o Prof. Alessandro Marques da Cruz, responsável pela disciplina de Educação Física. Destacamos o apoio e a colaboração das equipes docentes e gestoras de ambas as instituições.

> A Capoeira contribui para o desenvolvimento do educando de forma integral, realizando a fusão de corpo e mente. Além de ter um rico conteúdo histórico e desenvolver os aspectos cognitivo e afetivo, é um excelente facilitador da aprendizagem escolar. Integram em seus conteúdos ricas possibilidades, sendo um potente instrumento de educação, integração social, podendo ser trabalhada perfeitamente no ambiente escolar. (Cf. depoimento da Diretora da EMEF Roberto Mange).
> *Prof.ª Guilhermina Sobral, diretora da EMEF Roberto Mange.*

> A parceria construída entre os pesquisadores da FEUSP, Prof.ª Dra. Mônica do Amaral e as professoras, professores e estudantes da EMEF Roberto Mange, foi fundamental para pensarmos coletivamente em estratégias e ações que concretizem os objetivos e metas traçadas pelas leis n° 10.639/03 e 11.645/08, que tratam da obrigatoriedade do ensino da história e cultura afro-brasileira e indígena, nas unidades de ensino nos níveis Fundamental e Médio.
> *Prof. João Felipe Rebelo Goto, diretor da EMEF Prof. Roberto Mange*

A capoeira foi uma das respostas mais fortes, marcantes e duradouras dada pelo negro escravizado, ao sistema cruel e desumano imposto pelo colonizador europeu. Nasce como cultura de resistência, como estratégia de luta baseada nos movimentos dos animais (disfarçada em dança, uma vez que, perante os olhos dos feitores, esta era a única alternativa para lutar pela tão sonhada liberdade). A capoeira é, pois, herdeira legitima da Diáspora Africana no Brasil. Das senzalas aos quilombos, posteriormente passa a ocupar os centros urbanos do Rio de Janeiro, Pernambuco e Bahia. Ganha a adesão de integrantes da nobreza, como Barão do Rio Branco, Floriano Peixoto e Juca Reis, filho do Conde de Matosinhos, que figuram dentre os praticantes. A própria Princesa Isabel mantinha uma Guarda Negra composta por exímios capoeiristas.

Além de sofrer perseguições, como acontecia com todas as manifestações culturais africanas e afro-brasileiras, a capoeira foi ainda explorada por políticos inescrupulosos, criminalizada e incluída no Código Penal Criminal da República em 11/10/1890. Caso o capoeirista fosse flagrado praticando sua arte ancestral, se brasileiro, era condenado a uma pena de dois a seis meses de reclusão no Presídio de Fernando de Noronha; se estrangeiro, era deportado para seu país de origem. Vale lembrar que as leis do Brasil Império de 1822 já puniam o escravizado que praticava capoeira com 100 açoites e no Estado de São Paulo, encontramos registros da proibição da capoeira, datados de 1833.

∗∗∗

Em pleno Estado Novo, 1937, o baiano Manuel dos reis Machado, Mestre Bimba, criou uma proposta regrada da luta. Nasce então a Capoeira Regional Baiana. Recebido pelo Presidente Getúlio Vargas, Mestre Bimba, conseguiu a liberação da Capoeira, descriminalizando-a, e esta passou a ter sua prática permitida somente em recintos fechados.

Nesse período destacava-se no cenário da Capoeira da Bahia, Vicente Ferreira Pastinha, que com seus seguidores não aderiram à Capoeira Regional e permaneceram defendendo o estilo que passou a ser conhecido como Capoeira Angola.

Manuel dos Reis Machado
Mestre Bimba
23/11/1889 a 05/02/1974

Vicente Ferreira
Mestre Pastinha
05/041889 a 13/11/1981

Embora descriminalizada, a capoeira só foi retirada do Código Penal Brasileiro em 1949 e mesmo com uma crescente quantidade de adeptos em todo o Brasil, a capoeira continuou sofrendo preconceito por grande parte da sociedade brasileira, situação que só foi amenizada graças ao incansável trabalho e dedicação de inúmeros *mestres anônimos*.

Filha da necessidade, a capoeira sobreviveu aos percalços dos períodos do Brasil Colônia, Império, República, Estado Novo, Ditadura Militar até a chegada da democracia.

Apesar de não figurar na maior parte dos livros didáticos, a capoeira se fez presente em importantes revoltas: Dos Malês, Itororó, da Vacina, da Chibata, Guerra do Paraguai e em muitos outros momentos decisivos da nossa história. Influenciou a Literatura, as Artes Plásticas, a Filatelia, a Música Popular Brasileira, o Cinema, o Frevo, o Futebol e o Break, uma das linguagens do Hip-Hop. Muitos dos passos do Break surgiram do convívio com a Capoeira de Mestre Jelon, em Nova York.

Só no Brasil, são mais de 6.000.000 adeptos, distribuídos nas diferentes faixas etárias e camadas sociais. No exterior, a capoeira está presente em mais de 170 países, o que permitiu àqueles (as) que a praticam, aprender a Língua Portuguesa, além de outras manifestações culturais, como o Samba de Roda, o Jongo, o Maculelê e a Puxada de Rede.

A capoeira, como Cultura, Esporte ou Educação, promove a integração social e o exercício da cidadania, reforça a identidade cultural e eleva a autoestima principalmente dos afrodescendentes, contribuindo ainda para o maior entendimento da importância das culturas africanas e afro-brasileiras na formação de nosso povo.

Podemos afirmar ainda que a capoeira é um dos elementos facilitadores das relações étnico raciais e que sua constituição e filosofia encontram-se ancoradas nos valores civilizatórios afro-brasileiros, como: a oralidade, a energia vital, a ancestralidade, a corporeidade, a circularidade, a musicalidade, a religiosidade, a ludicidade e o cooperativismo. Valores essenciais para o combate ao racismo, ao preconceito e à discriminação. Por meio de seus cânticos e responsórios, é possível refletir sobre a História do Brasil do ponto de vista afrocêntrico, uma vez que quase sempre a totalidade dos heróis que se nos apresentam são brancos e o negro pouco aparece como protagonista de sua própria história.

Em 15 de julho de 2008, a capoeira foi reconhecida como Patrimônio Cultural Imaterial do Povo Brasileiro, pelo Instituto do Patrimônio Histórico e Artístico Nacional – IPHAN, Ministério da Cultura – MINC e em 27 de Novembro de 2014, foi reconhecida pela Organização das Nações Unidas para a Educação, Ciência e Cultura – UNESCO, como Patrimônio Cultural Imaterial da Humanidade.

Neste mesmo ano, o então senador Otto Alencar, ex-aluno de Mestre Bimba, apresentou o PL 17/2014, reconhecendo a prática da Capoeira na Educação.

As origens da musicalidade e dos mitos africanos sobre a lenda do Berimbau

Uma menina saiu a passeio, ao atravessar um córrego abaixou-se e tomou água no côncavo das mãos. No momento em que saciava a sede, um homem deu-lhe uma forte pancada na nuca. Ao morrer, transformou-se, imediatamente num arco musical: seu corpo se converteu em madeiro, seus membros na corda, sua cabeça na caixa de ressonância e seu espírito, na música dolente e sentimental. (Conto existente no leste e no norte africano). *Texto retirado da Revista do Instituto Geográfico e Histórico da Bahia, nº 80 de 1956.*

Imagens da animação Hungu, que narra a Lenda do Berimbau, Nicolas Brault(Writer, Animator &Diretor) Mchele Belanger & Julie Roy (Producers) Montreal, PQ: National Film Board of Canadá, 2008.

Você sabia que os adornos utilizados pelos papas, foram inspirados em modelos utilizados por sacerdotes africanos da antiguidade?

TARINGA, obra de Picasso, fase do Cubismo, inspirado nas Artes Africanas.

Máscara BAOULÉ - Costa do Marfim

A mulher africana, grande matriarca, mesmo vivendo em condições restritas e rigorosas, foi a principal difusora do berimbau africano na plateia continental e internacional, nos últimos cem anos.

Através do som melódico e hipnotizante do instrumento de uma corda só, orgulhosamente cantam cantigas de centenas de anos atrás, transmitidas pelos seus antepassados. Canções que contam histórias das glórias dos seus povos, sobre a felicidade, a tristeza, o amor, o ódio, a paixão, a traição, as desventuras de casamentos e cantigas infantis. Não somente a mulher é tradicionalmente considerada a base da família, mas também, compõe, canta e constrói os próprios instrumentos que toca.

A título de exemplo, menciono duas personalidades da música tradicional Bantu-Nguni herdeiras da tradição de tocadoras de arcos musicais, como a Princesa Zulu Constance Magogo e a Dona Madosini Mpahleni, que conta com noventa anos de idade.[5]

Com este texto, Kandim chama a atenção para o respeito e o reconhecimento devido a estas mulheres, além de convidar-nos a refletir sobre a importância do Berimbau e sua ligação com as culturas africanas e afro-brasileira.

---

5   Texto de Aristóteles Kandimba. Texto adaptado por Valdenor S. dos Santos. Fonte: kandimbafilms.blogspot.com.

Apresento a seguir cada um dos instrumentos da capoeira e o método para tocar os instrumentos:

O berimbau

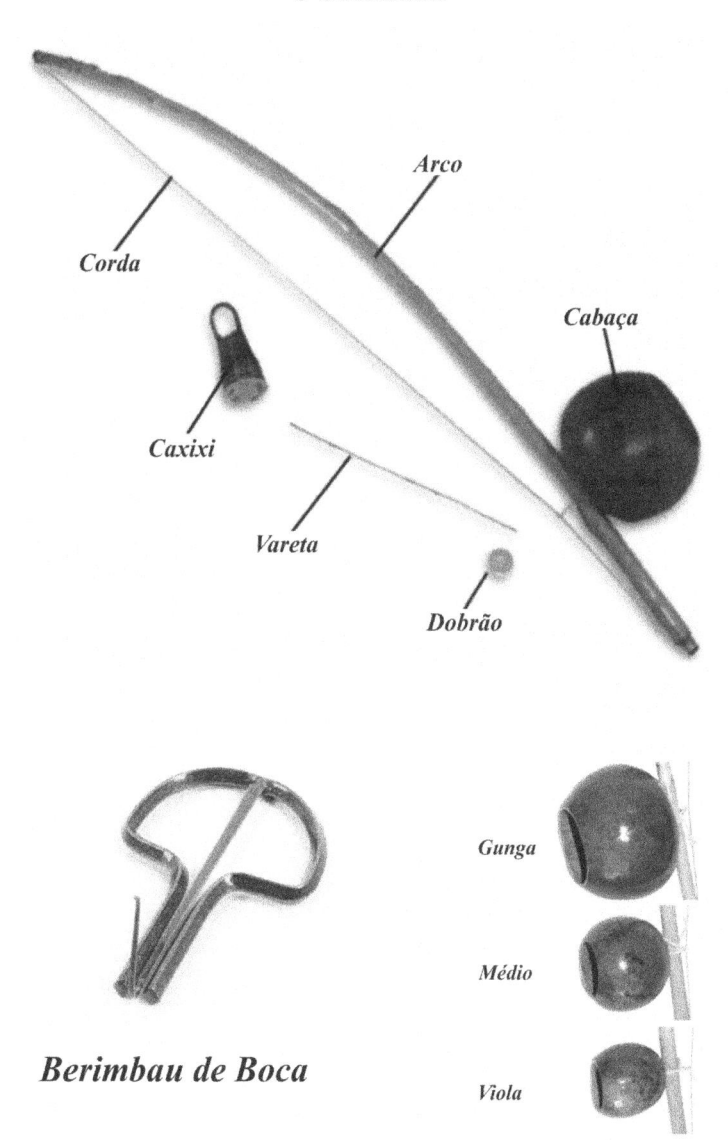

Arco

Corda

Cabaça

Caxixi

Vareta

Dobrão

Berimbau de Boca

Gunga

Médio

Viola

Método de Berimbau

Mestre Valdenor

Tipos de batidas para os principais toques

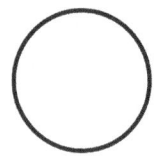

○ *Batida solta (som: tom)*
dobrão desencostado da corda

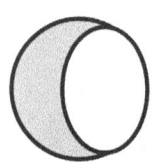

◐ *Batida frouxa (som: tchin)*
dobrão encostado levemente à corda

● *Batida presa (som: tim)*
dobrão encostado firmemente à corda

⦸ *Batida sustenida (som: toum)*
dobrão encosta na corda somente após a batida da baqueta

Empunhando o Berimbau

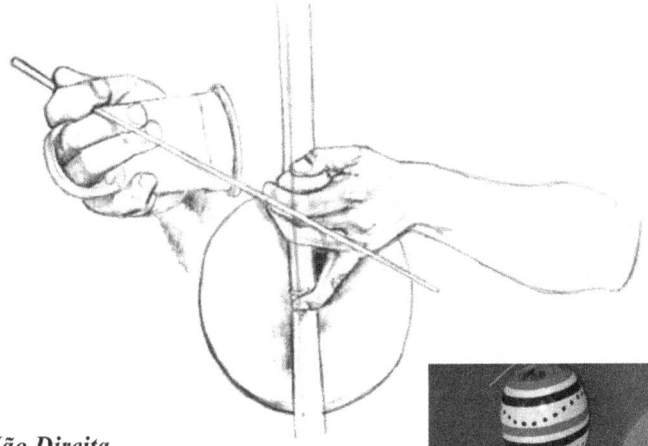

Mão Direita
Dedos polegar e indicador: Vareta
Dedos anular e médio: Caxixi

Mão Esquerda
Dedos polegar e indicador: Dobrão
Dedos medio e anular: Arco
Dedo mínimo: Cordão da Cabaça

Base do Toque de Angola

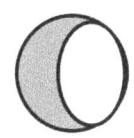

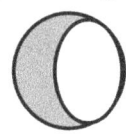

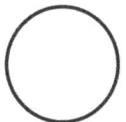

Você sabia? Que a Batida do FUNK é a base do Toque de Atabaque «CONGO», que tem suas origens nos mais antigos ritmos de tambores tocados pelos africanos.

Muitos tentaram...mas ninguém jamais calou nossos atabaques.

Base do Toque de São Bento Pequeno de Angola

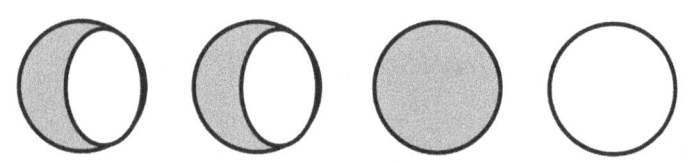

Base do Toque de São Bento Grande de Angola

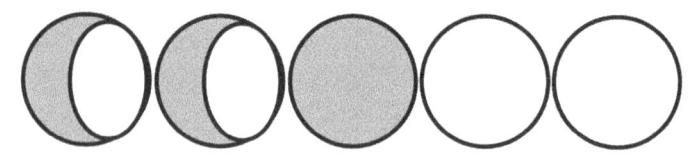

Base do Toque de Iúna

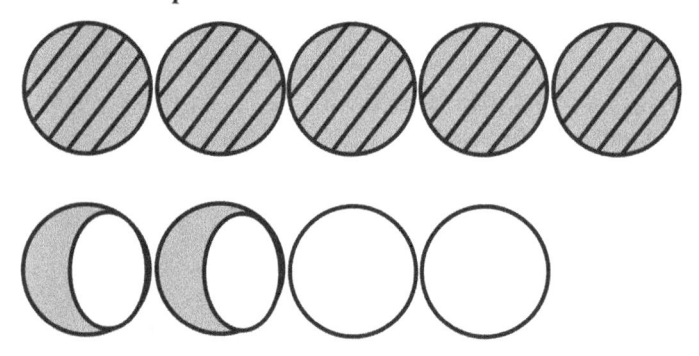

Base do Toque de São Bento Grande de Regional

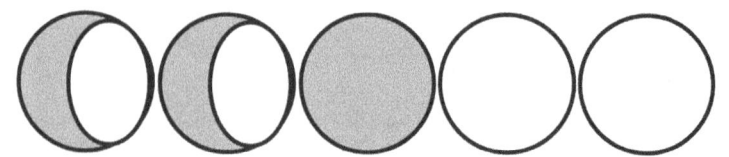

Culturas ancestrais e contemporâneas na escola   45

Sugestões de variações do Toque de Angola

1ª

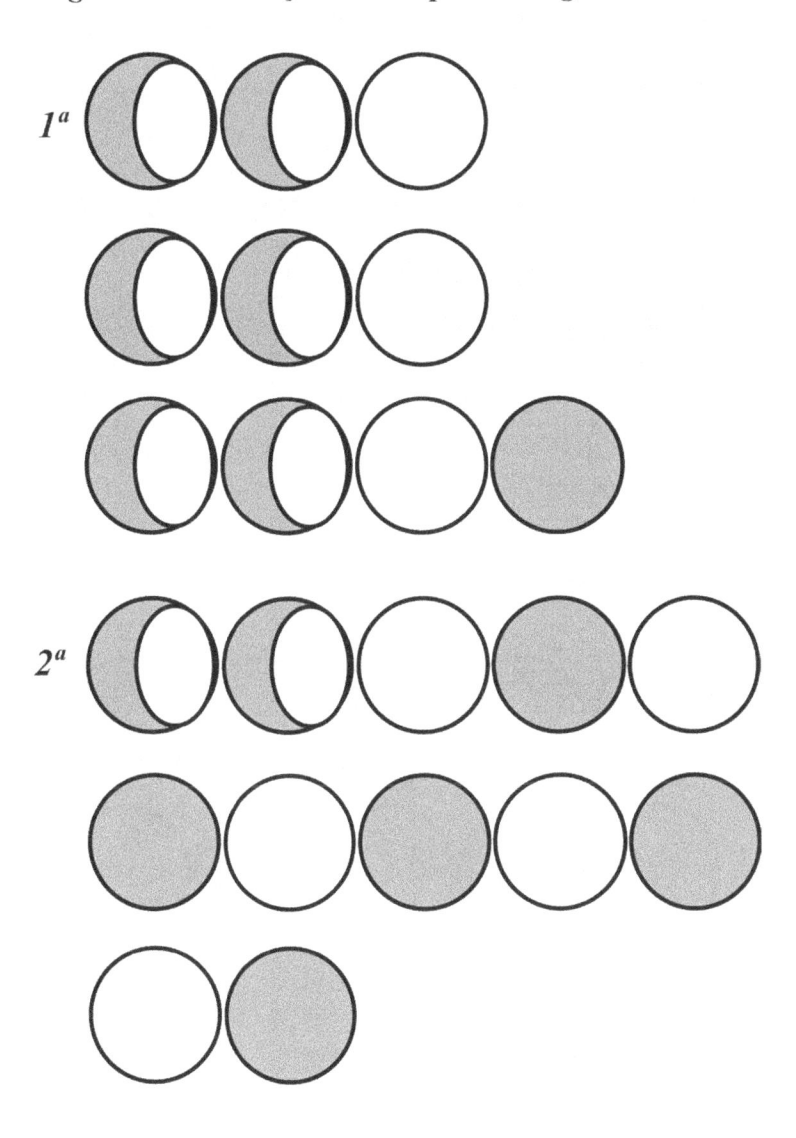

2ª

Sugestões de variações do Toque de São Bento Pequeno de Angola

1ª

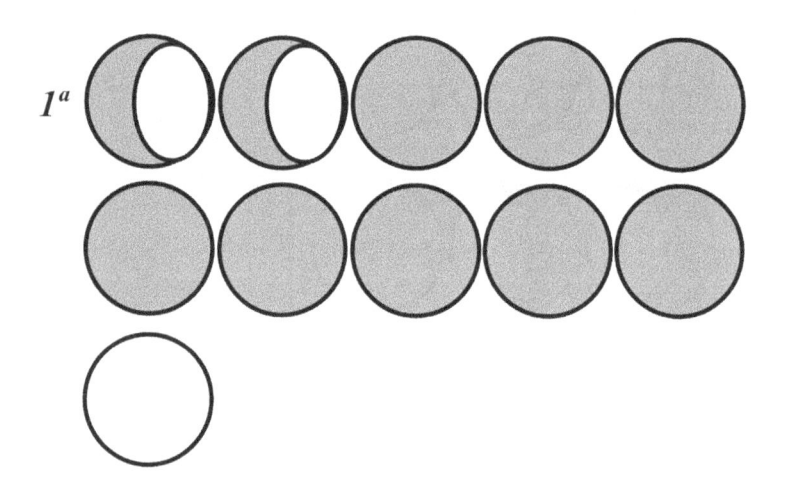

2ª

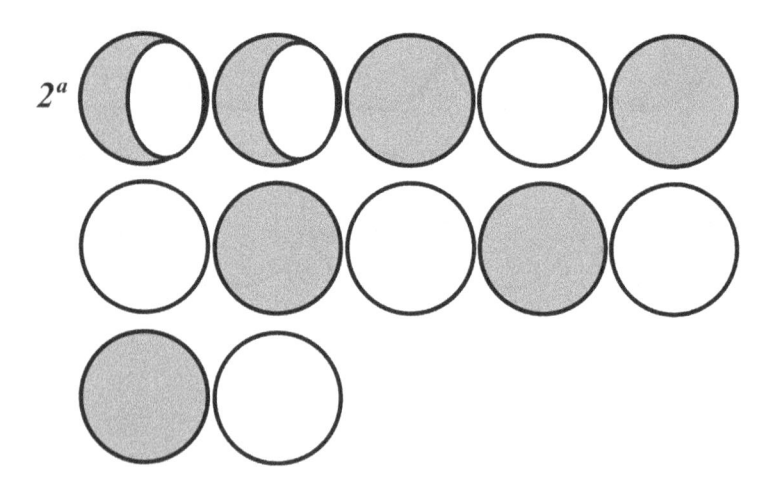

Sugestões de variações do Toque de São Bento Grande de Angola

1ª

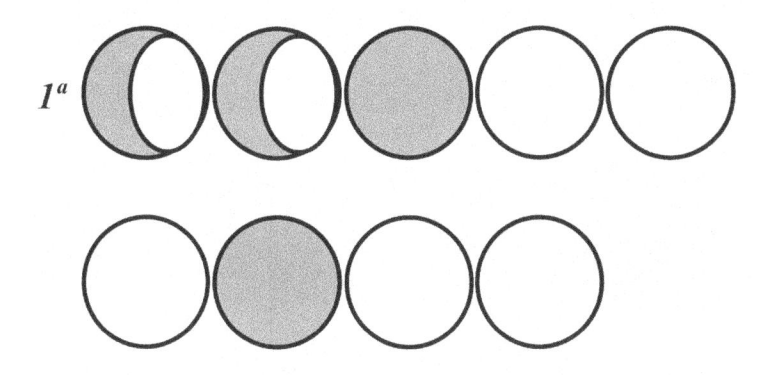

2ª

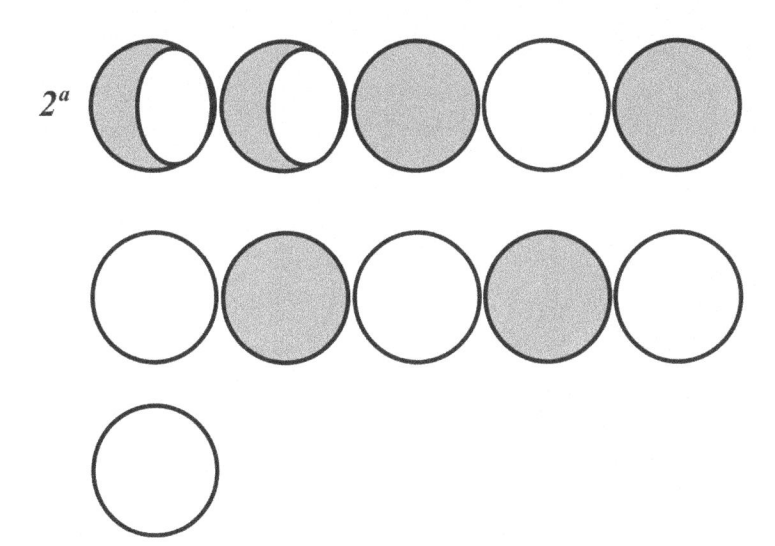

Sugestões de variações do Toque de São Bento Grande de Regional

1ª

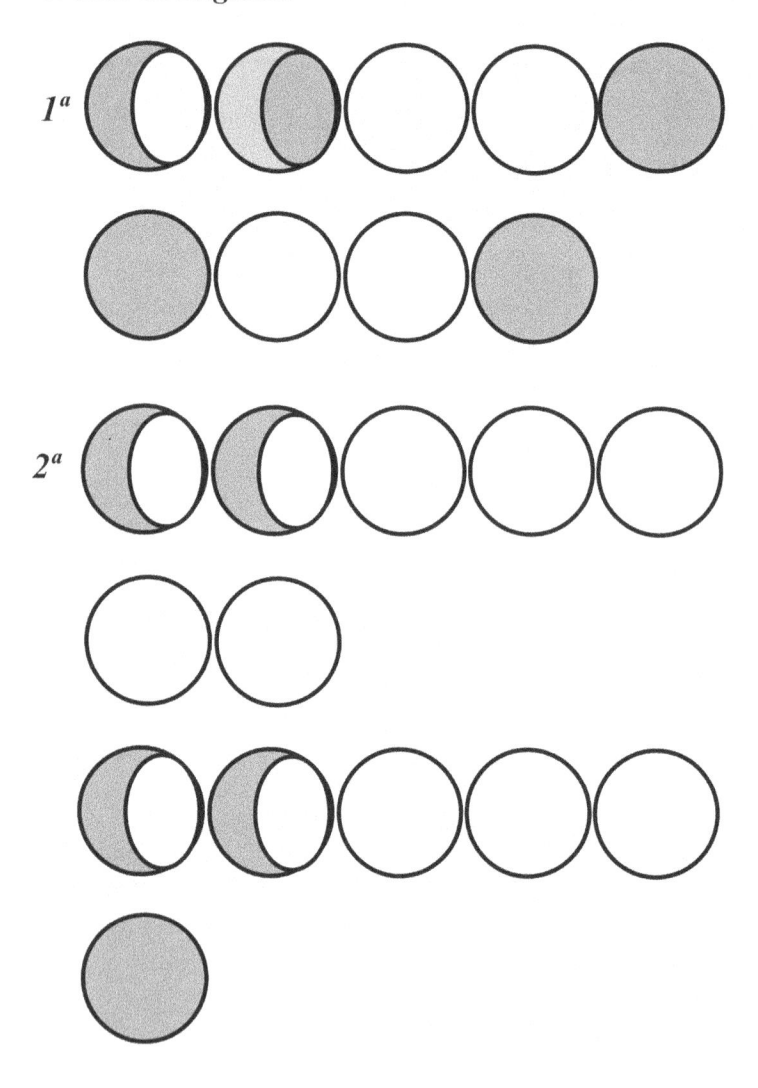

2ª

Culturas ancestrais e contemporâneas na escola 49

Sugestões de variação do Toque de Iúna

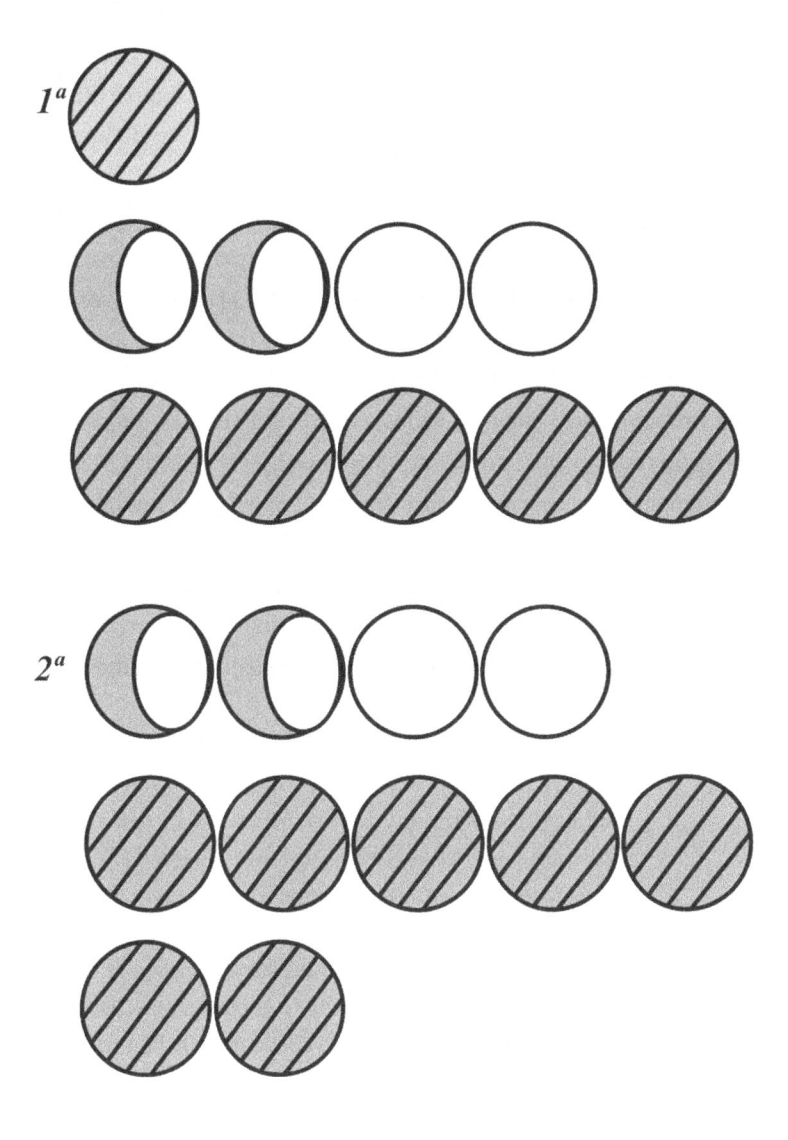

1ª

2ª

A capoeira na escola

Na docência compartilhada entre a capoeira e as disciplinas de português e educação física, foram atendidos os Direitos de Aprendizagem dos Ciclos Interdisciplinar e Autoral, conforme as diretrizes da Secretaria Municipal de Educação da Cidade de São Paulo no ano de 2016. Observe-se que as ações de Docência Compartilhada nas disciplinas Língua Portuguesa e Educação Física se deram em observância das Diretrizes Curriculares Nacionais para a Educação das Relações Étnico-raciais e para o Ensino de História e Cultura Afro-brasileira e Africana, que tem como princípios norteadores: 1) Consciência política e histórica da diversidade, 2) Fortalecimento de identidades e de direitos e 3) Ações educativas de combate ao racismo e às discriminações. Destacamos a seguir trechos dos documentos acima relacionados, que associados a outros relativos às interseções da História da Diáspora do Atlântico no Brasil, à vivência dos Mestres de Capoeira e aos conhecimentos dos profissionais de Educação, foram essenciais, como ponto de partida para inúmeras reflexões, tendo como base a interdisciplinaridade e o componente curricular da Língua Portuguesa, Cultura e Oralidade, contribuindo assim para que os estudantes pudessem mergulhar numa nova leitura de mundo.

> A economia portuguesa colonial é baseada na invasão de terras para exploração econômica, com o uso do trabalho forçado de seres humanos desterritorializados a partir de suas aldeias, a partir do continente africano, a partir de suas comunidades. A aproximação dos autóctones com os alóctones (europeus e africanos) criou a necessidade de se estabelecer possibilidades de comunicação que atendessem aso interesses do colonizador. (SME – Direitos de Aprendizagem dos Ciclos Interdisciplinar e Autoral LINGUA PORTUGUESA, P.9).

A História da Capoeira está intimamente ligada à Diáspora Africana e à trajetória social do negro, nos períodos do Brasil Colônia, Império, República e Estado Novo. Nas lutas de resistência contra o sistema escravagista, deparamo-nos com o protagonismo do negro rebelando-se conta as leis e pressões sociais que buscavam desvalorizá-lo enquanto ser social e aniquilar sua cultura. Podemos perceber que estas reflexões contemplam os Direitos de Aprendizagem da Língua Portuguesa. Sobre esta relação entre opressores e oprimidos. Fanon observa:

> Inferiorizar os valores simbólicos do conquistado sempre foi uma estratégia largamente empregada por conquistadores, em quaisquer circunstâncias, para negar ou matar identidade; para silenciar; enfim, para impor novas maneiras de sentir, pensar e ver o mundo (FANON, 2008, p.34).

Podemos observar a partir dos conceitos de NEIRA, NUNES E BETTI (2009) o quanto a disciplina de Educação Física passou por transformações no decorrer da história. Durante a ditadura militar, o currículo de educação física não apresenta abertura para as manifestações da cultura popular, assim como o ato de brincar era pouco valorizado. Como se pode verificar:

> Ao longo da década de 1970, em tempos de ditadura civil militar, os discursos sobre os valores disseminados por meio do esporte foram traduzidos simbolicamente pelos ideais de perseverança, de luta, de vitória, de patriotismo e de desenvolvimento nacional. O sujeito almejado por esta perspectiva é aquele dinâmico e versátil, respeitador de regras e princípios morais universais, dono de uma enorme capacidade física e psíquica para enfrentar desafios movidos pelo melhor espírito competitivo. (NEIRA e NUNES, 2009); (BETTI,2009).

A Educação Física tem como objetivo desenvolver conhecimentos a respeito das manifestações da cultura corporal, das formas de apresentação do mundo expressas através do corpo, como os jogos, os esportes, as danças, a ginástica, as lutas e outras práticas corporais (cf. SOARES, 2009.p.9).

Hoje, graças às transformações do currículo e às contribuições de novos pensadores críticos, temos a educação física sendo trabalhada tanto na dimensão corporal quanto crítica.

A proposta de docência compartilhada entre o pesquisador da área de capoeira (Mestre Da Bahia) e o Prof. de Educação Física Alessandro deram ênfase à história da formação do povo brasileiro, aliando a Capoeira e a Educação Física à construção de uma proposta que possibilitou reflexões entre os jovens acerca da Diáspora do Atlântico, assim como sobre as interseções da História do Brasil e os heróis negros das inúmeras lutas de resistências.

Seria importante registrar o fato de que a docência realizada pelos dois profissionais na EMEF ROBERTO MANGE, observou os Direitos de Aprendizagem da Educação Física, que enumeramos a seguir:

Direito a desenvolver sua gestualidade por meio de manifestações da cultura corporal tais como: brincadeiras, danças, (capoeira), lutas, esportes, ginástica entre outras; b) Direito de ter a prática da cultura corporal de seu grupo social reconhecida como uma manifestação cultural, compreendida a partir de processos macro e microssociais, que marcam tais práticas como subjugadas; c) Direito a se expressar por meio das múltiplas manifestações da cultura corporal, sem que o sujeito seja discriminado por ser indígena, negro, branco e de outros grupos étnicos; ou pertencer a qualquer condição social; ou mesmo por sua aparência e/ou estereótipo corporal; ou ainda independentemente do gênero, de suas sexualidades e/ou por não se enquadrar no perfil heteronormativo; ou simplesmente por não apresentar um desempenho idealizado socialmente, devendo ser reconhecido nos seus diferentes modos de fazer.

Culturas ancestrais e contemporâneas na escola 53

Caderno de Imagens

Professor Alessandro, da Educação Física e alunos(as) da EMEF Roberto Mange

Professor João Felipe Rebelo,
diretor da EMEF Roberto Mange

Prof. Guilhermina Sobral,
diretora da EMEF Roberto Mange

Sobre o Projeto de Pesquisa de Políticas Públicas:
Considerando a necessidade de atendimento à demanda das escolas para o cumprimento da referida lei, a pesquisa propõe-se a elaborar uma proposta em educação, orientada por uma perspectiva multicultural voltada para a diversidade étnica e cultural presente nas escolas brasileiras.
Pretendemos conduzir esta discussão junto aos professores, que, por sua vez, serão estimulados a criar novas estratégias de ensino, em suas respectivas, inspirados pelo debate acerca de um ensino culturalmente relevante que se encontra pautado pelos fundamentos do multiculturalismo.

Profª. Dra. Mônica G.T. do Amaral, pesquisadora responsável.

Leitura da obra *Chico Rei*

Culturas ancestrais e contemporâneas na escola 55

Aula de atabaque - Prof. Jefferson e Mestre Valdenor na Turma 9º A da EMEF Saturnino Pereira

Prof. Dra. Rute Rodrigues dos Reis, pesquisadora do projeto e diretora da EMEF Saturnino Pereira

Prof. Dr. Álvaro José Camargo Vieira, pesquisador associado

A docência compartilhada "A Capoeira e a História do Negro no Brasil! Trouxe para o ambiente escolar, além da história, cantos ladainhas e gingas presentes nestas práticas. Os alunos sempre curiosos e envolvidos. Eu no dia destas aulas, pela escola, quase sempre embalando minhas atividades ao som do berimbau. É contagiante!

Profª Elisangela Leal, Coordenadora da EMEF. Saturnino Pereira

O projeto utiliza a Capoeira e a História como eixo disparador de posições e representações dos alunos e alunas acerca da cultura afro--brasileira e por meio disso propicia o debate sobre preconceitos e busca da valorização da cultura dos estudantes.

Profª Juliana Borges, EMEF. Saturnino Pereira

Culturas ancestrais e contemporâneas na escola 57

Atividade de capoeira com alunos (as) EMEF Saturnino Pereira

Maculelê - alunos (as) EMEF Saturnino Pereira

Profª Rosana Divino

Coordenadora Profª Juliana Medeiros

Culturas ancestrais e contemporâneas na escola 59

Mestres da Bahia, Valdenor e alunos (as) da EMEF Prof. Roberto Mange

Aulas de Toques de Pandeiro - Alunos (as) EMEF Saturnino Pereira

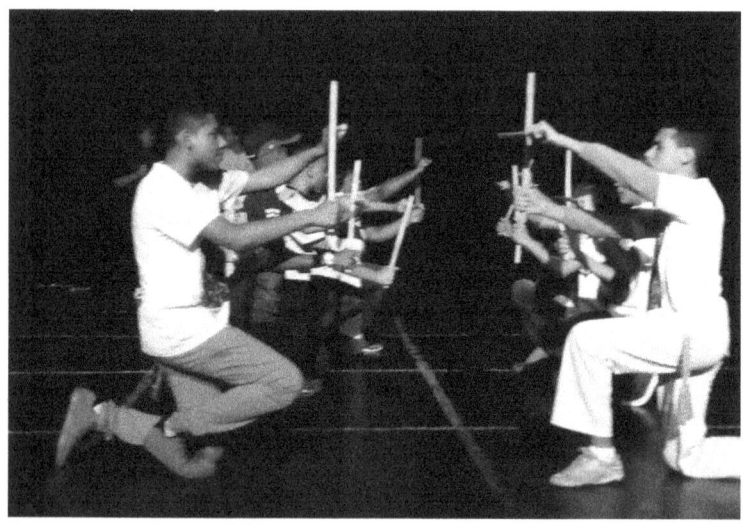

Apresentação de Maculelê Fábrica de Cultura Guaianases

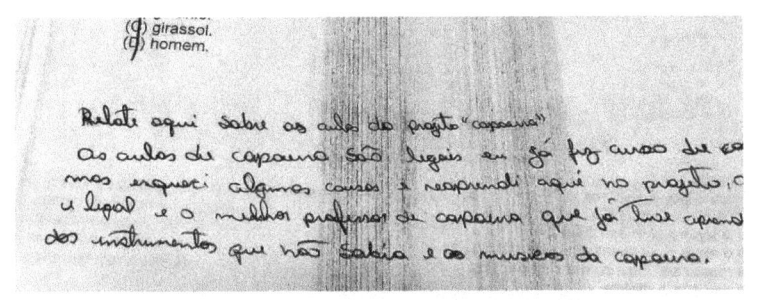

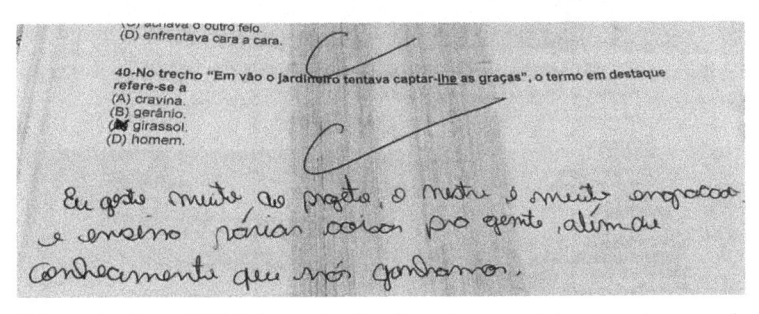

Culturas ancestrais e contemporâneas na escola

> (C) girassol.
> (D) homem.
>
> Relate aqui sobre as aulas do projeto "capoeira"
> As aulas de capoeira são legais eu já fiz curso de ca-
> mas esqueci algumas coisas e reaprendi aqui no projeto, o
> Lipão é o melhor professor de capoeira que já tive apren-
> dos instrumentos que não sabia e as músicas da capoeira.

> (D) enfrentava cara a cara.
>
> 40- No trecho "Em vão o jardineiro tentava captar-lhe as graças", o termo em destaque refere-se a
> (A) cravina.
> (B) gerânio.
> (C) girassol.
> (D) homem.
>
> Eu gosto muito do projeto, o mestre é muito engraçado
> e ensina várias coisas pra gente, além de
> conhecimento que nós ganhamos.

Relatos de alunos EMEF Saturnino Pereira sobre o projeto, durante prova de Língua Portuguesa

Treinamento de movimentos básicos do jogo da Capoeira - EMEF Saturnino Pereira

Alexandre S de Miranda - Contra Mestre Padinha e alunos(as) da EMEF Saturnino Pereira

Aula de Toques de Berimbau

Alunos (as) 9ª A da EMEF Saturnino Pereira

Formatura 9º ano A

Bibliografia

AREIAS.A. *O que é Capoeira*. Coleção Primeiros Passos. Brasiliense, São Paulo;1983.

ALMEIDA, I.R.C.A. *A saga de Mestre Bimba*. Salvador: P&A, 1994.

AMARAL.M.G.T. do Amaral e Souza, M.C.C.C. de. *Educação Publicas nas Metrópoles Brasileiras*. Paco Editorial: São Paulo: EDUSP, 2011.

Diretrizes Curriculares Nacionais para a Educação das Relações Étnico-Raciais e para o Ensino de História e Cultura Afro-Brasileira e Africana. SMPIR/MEC/2004.

CUNHA, P.F.A. *A Capoeira e os Valentões na História de São Paulo (1830-1930)*. São Paulo: Alameda,2013.

FREIRE, Paulo, *Pedagogia da autonomia: saberes necessários à prática educativa*. São Paulo: Paz e Terra, 1996.

HONNETH, A. *Luta por reconhecimento: a gramática moral dos conflitos sociais*. Tradução de Luiz Repa. São Paulo: Editora34, 2003.

MOURA, Clóvis. *Sociologia do Negro Brasileiro*. São Paulo: Ática, 1998.

MUNANGA, K. *Superando o racismo na escola*.2ª ed. SECAD. Brasília: 2005.

NEIRA, M.G. e NUNES, M.L.F. *Educação Física, currículo e cultura*. São Paulo: Phorte, 2009.

São Paulo(SP). Secretaria Municipal de Educação, Portaria nº 5930/13. Disponível em: http://www3.prefeitura.sp.gov.br/cadlem/secretarias/negocios_juridicos/cadlem/integra.asp?alt=15102013P%20 059302013SME Acesso em 14/02/2018.

São Paulo (SP) Secretaria Municipal de Educação. ANEXO I Programa Mais Educação São Paulo Notas Técnicas sobre o Documento de Referência do Programa de Reorganização Curricular e Administrativa, Ampliação e Fortalecimento da Rede Municipal de

Ensino de São Paulo. São Paulo, SME, 2013, Disponível em: http://www.sinesp.org.br/images/16_-_NOTAS_TECNICAS_MAIS_EDUCACAO_SAO_PAULO.pdf.

São Paulo (SP). Secretaria Municipal de Educação. Coordenadoria Pedagógica. Divisão de Ensino Fundamental e Médio. Direitos de aprendizagem nos ciclos interdisciplinar e autoral. – São Paulo : SME / COPED, 2016. – (Coleção Componentes Curriculares em Diálogos Interdisciplinares a Caminho da Autoria), São Paulo (SP).

Secretaria Municipal de Educação. Coordenadoria Pedagógica. Currículo da Cidade: Ensino Fundamental: Língua Portuguesa. São Paulo: SME / COPED, 2017.

SILVA, G.O.HEINE,V. Capoeira: um instrumento psicomotor para a cidadania. São Paulo: Phorte, 2009.

Agradecimentos

Quero registrar meu agradecimento a todas e todos que integram a equipe do nosso Projeto O ANCESTRAL E O CONTEMPORÂNEO:AFIRMAÇÃO DE HISTÓRIAS E CULTURAS AFRO-BRASILEIRAS, pela oportunidade que me foi dada para divulgar a Capoeira junto a tantas outras linguagens que são de extrema importância para o enriquecimento do Currículo Escolar.

Agradeço à Profª Dra. Mônica do Amaral e, ao fazê-lo, estendo os agradecimentos a todo o nosso Grupo de Pesquisa, à Profª Dra. Rute Reis e Corpo Docente da EMEF SATURNINO PEREIRA, e à direção e ao Corpo Docente da EMEF Prof. Roberto Mange.

Quero ainda parabenizar em especial a Classe do 9º ano A, por haver me proporcionado tantos momentos de alegria, aprendizado e emoção durante nossas oficinas, espero que nossa vivência tenha contribuído para o aumento das reflexões acerca da importância da população negra e das suas contribuições para a formação do nosso país, AXÉ! *Mestre Valdenor*

Amanda Cristina Alves B. Pereira
Bianca Alves de Santana

Carolina Viana Santos Souza
Cintia da Costa Silva Izidoro
Cleiton Estevam Silva Nunes
Deivid Alves dos Santos
Denis Lincoln de Souza Castro
Eduarda Regina M. de S. Felipe
Eloisa de Oliveira Saraiva
Eric Antonio da Silva dos Reis
Esther Santos de Assis
Flavio Mariano da Silva
Fancielle Morais da Silva
Gilmar Rafael C. da Silva
Giovana Oliveira Borges
Guilherme Roberto
Hamilton Fabiano F. Reis
Hendesson José dos S.Lino
Igor Ferreira de Melo
Ingrid Conceição Lima
Ismael Assunção Lima
Yasmin Bezerra da Silva
Jhennifer Pereira dos Santos
João Vitor Brito Damaceno
João Vitor de Jesus dos Santos
João Vitor Nascimento
Josué Otaviano A. de Lima
Julio Cesar Oliveira Cavalin
Kesia Ferreira dos Santos
Leticya de Freitas Ferreira
Luan da Costa Santos
Lucas da Silva Alves
Matheus de O. Gonçalves

Murilo Antonio S. Pereira
Natalia Valerio da Silva
Nicoly Estephanie do Nascimento
Pablo Brandão O. Valverde
Pablo Kaua Cardoso de Oliveira
Pedro Henrique P. Vicente
Rodrigo da Silva
Rosielem Gonçalves dos Santos
Ruama Cindy Santos P. da Silva
Thais Souza de Jesus
Talia de Jesus dos Santos
Thamirys Caroline S. A. da Silva
Thiago Kumagai R. Oliveira
Vitor Hugo Valentim da Silva

2. SERVIÇO DE PRETO, MUITO RESPEITO: INTRODUÇÃO ÀS DISCUSSÕES SOBRE AS RAÍZES DO RACISMO, DA DISCRIMINAÇÃO NO BRASIL E HISTÓRIA AFRICANA POR MEIO DO RAP

Apresentação

A docência compartilhada conduzida pelo mestrando em Educação, Kleber Galvão de Siqueira Junior (formado em História), contou com a colaboração de Daniel Garnett (rapper e educador) em parceria com as professoras Michele Bernardes (da sala de leitura), Rosana Divino, de língua portuguesa e Juliana Borges, de informática e história. Procurou-se combinar o ensino da história com discussões sobre o rap nacional e o rap local. Foi apresentado aos alunos o rap *Serviço de Preto*, de autoria de Daniel Garnett, para pensar a relação entre o preconceito racial e a história do negro desde a diáspora do Atlântico até o escravismo no Brasil. Ao mesmo tempo, a pesquisa feita em sala de aula sobre as comunidades quilombolas, abordando desde suas origens nos tempos coloniais até o momento presente, suas formas de organização e de resistência, forneceu novos elementos aos alunos para que estes se sensibilizassem e mobilizassem a escola para o combate ao racismo e ao genocídio que está atingindo, sobretudo, os jovens negros em nosso país.

Iniciou-se pela História da África antiga e clássica, para depois abordar a diáspora afroamericana, em especial a brasileira, o tráfico mercantilista como parte do avanço do capitalismo europeu, a desterritorialização forçada dos africanos e o racismo no Brasil, que serviu como justificativa do trabalho forçado e posterior abandono dos afrodescendentes por parte do Estado brasileiro. Foi também muito importante apresentar a história de resistência dos afrodescendentes, desde o século XIX até as lutas da Frente Negra, do teatro negro e do movimento negro, conhecimento necessário para se entender a política de cotas e outras políticas afirmativas.

Ficou evidenciada, dado o sucesso desta parceria, a importância de um trabalho interdisciplinar em classe, envolvendo pesquisadores, professores e artistas populares como forma de romper com a especialização artificial das ciências, marcadas pelo monoculturalismo eurocêntrico, e assim promover o engajamento dos alunos com um saber culturalmente relevante.

Serviço de preto, muito respeito: introdução à discussões sobre as raízes do racismo, da discriminação no Brasil e História africana por meio do rap

Kleber Galvão de Siqueira Jr[1]

Ao longo de três anos letivos, entre 2015 e 2017, procuramos desenvolver, por meio de *docências compartilhadas* entre professores da rede municipal de ensino de São Paulo, arte-educadores e pesquisadores, uma proposta de ensino de História da África, das populações afro-brasileiras e indígenas, através da cultura hip-hop.[2]

Para tanto, além da parceria firmada com a EMEF Saturnino Pereira, situada no Jardim Pedra Branca, em Guaianases, na zona leste de São Paulo, contamos com o apoio da Fapesp e do grupo de pesquisa *Multiculturalismo Educação* (CNPq) da Faculdade de Educação da USP, coordenado pela Profª Drª Mônica do Amaral.

Os planos de aulas foram pensados e desenvolvidos com as turmas finais do ensino fundamental público, 8ºs e 9ºs anos, sobretudo com as professoras Michelle Bernardes e Juliana Borges, também apoiados pelas professoras Rosana Divino e Patrícia Gonçalves e pelo rapper e arte-educador Daniel Garnet.

A estrutura das aulas baseava-se nas leituras e discussões que desenvolvíamos ao longo do projeto de pesquisa e levavam em consideração a estratégia de ensino que seguimos, no caso a Pedagogia Hip-hop (HILL, 2014) e os objetivos que gostaríamos de alcançar com os alunos, seja em cada aula, seja no semestre ou ano letivo como um todo.

---

1   Pesquisador e Mestrando da FEUSP, sob orientação da Profa. Dra. Mônica do Amaral.

2   Tais pesquisas, conduzidas na EMEF Saturnino Pereira entre 2015 e 2017, resultaram no projeto de Mestrado intitulado *A pedagogia hip-hop e o ensino culturalmente relevante em história: novas estratégias didáticas para o ensino fundamental em escolas públicas de São Paulo*, que está em fase final de elaboração e será defendido ainda ao longo de 2018.

Entretanto, o planejamento de cada aula deixava espaço para as possibilidades e caminhos levantados tanto pelos alunos, com suas curiosidades e suas indagações, como também pelo contexto que perpassava o dia-a-dia escolar.[3] Trabalhando de maneira interdisciplinar, em aulas de leitura, informática e história e por meio de raps, cujas letras remetessem às temáticas pensadas para as aulas, procuramos apresentar aos alunos

---

3   Como exemplo desse plano de aulas estruturado, porém aberto as possibilidades e atento aos contextos dos estudantes, nos lembramos das primeiras aulas de 2015, quando uma reintegração de posse forçada havia ocorrido a poucos quarteirões da escola, afetando diretamente a vida de alguns alunos e indiretamente de toda a comunidade escolar. Em nossas atuações em sala neste semestre procuramos partir desse caso para estudar as origens históricas de Guaianases e também para refletir sobre os problemas sociais enfrentados pelos moradores da região atualmente, relacionando passado e presente, um dos objetivos do semestre. Para condução dessas reflexões e estudos, recorremos as letras dos raps *Um bom lugar*, do Sabotage, e *Fórmula Mágica da paz*, dos Racionais Mc's. Ao longo do semestre também podemos, por intermédio de dois raps do grupo indígena Guarani-Kaiowá Brô-mc's, de Dourados-MS, refletir sobre a atual situação dos povos indígenas no país, interligando com a história da região de Guaianases. A ligação entre os temas teve como base um fato ocorrido na mesma semana da reintegração de posse próxima da escola: uma outra reintegração, em Antônio João-MS. No caso, também por meio da violência e com apoio do poder público, procurou-se expulsar indígenas de fazendas no sul do Estado do Mato Grosso do Sul. Os rappers guarani-Kaiowás são de uma região próxima e, em suas letras, tanto em português como em Guarani, procuram denunciar o preconceito e as desigualdades econômicas e sociais por eles historicamente enfrentadas. A partir da interpretação de suas letras *Koangágua* e *Eju Orendive*, das reflexões suscitadas ao longo das discussões e também pelos textos selecionados para as leituras, estudamos sobre alguns povos indígenas brasileiros atuais e também ancestrais, especialmente os povos que outrora habitavam a região da Capital paulista, retornando ao nosso ponto de partida no semestre, que era estudar as origens históricas da região da escola e fomentar um pensamento crítico com relação a situação sócio-econômica da região. Esse caso será melhor relatado em outra oportunidade.

discussões sobre questões contemporâneas relacionadas ao cotidiano dos jovens estudantes e de sua comunidade.

Ao mesmo tempo, buscando fomentar um pensamento crítico, abordávamos também a história de culturas e povos cuja contribuição para a formação da sociedade brasileira foi, por muito tempo, eclipsada. O principal objetivo de nossa atuação em sala foi amparar as diretrizes apontadas pela Lei 10.639/2003, mas também avançamos em direção às orientações da Lei 11.645/2008.

Durante os semestres letivos de 2016 e 2017, as reflexões suscitadas através das discussões sobre letras do grupo Z'África Brasil[4] nos levaram aos estudos sobre a história da África. Abordamos a antiguidade africana, também sobre a África dita clássica e sobre alguns dos povos que foram arrancados de suas terras para, à força, construírem o Brasil e as Américas, já na época das grandes navegações mercantilistas.

Em um segundo momento, inspirados por questões abordadas nas letras de Peqnoh e Daniel Garnet[5] e também da Karol Conká, dentre outros rappers, abordamos elementos da história dos afro-brasileiros e suas estratégias de sobrevivência no Novo Mundo, através de estudos sobre revoltas, motins e, especialmente, sobre a constituição e a remanescência das comunidades quilombolas. Foram ressaltados diferentes fatos históricos e personagens, como: Chico Rei e a compra de alforrias; Luíza Mahin e a Revolta dos Malês; Luiz Gama e a luta abolicionista, bem como a luta de Zumbi e Dandara dos Palmares. Por fim, apresen-

---

4 Z'África Brasil. "Raiz de glórias" in:Z'áfrica Brasil. "Tem cor age". YB Music: São Paulo, 2006. Faixa 01.

5 GARNET, Daniel., PEQNOH e CAMARGO, Phael. "Serviço de preto" in: GARNET, Daniel & PEQNOH. "Avise o mundo". Pegada de gigante: Piracicaba, 2015. Faixa 10. Videoclipe disponível em https://www.youtube.com/watch?v=bkvjsqv-gHo. Acesso em junho de 2018. Maiores informações no site da gravadora independente, da própria dupla de rappers: http://www.pegadadegigante.com/#!noticias/c1xva. Letra disponível em http://www.vagalume.com.br/daniel-garnet-peqnoh/servico-de-preto.html#ixzz44WOoHlTm. Acessado em junho de 2018.

tamos aos alunos a atual configuração das comunidades quilombolas no Brasil, especialmente após sua inclusão na Constituição de 1988 como "remanescentes", relacionando passado e presente, ancestralidade e contemporaneidade dos afro-brasileiros em sala de aula.

Ao longo de ambos os eixos temáticos – história da África e história afro-brasileira –, intercalamos discussões relevantes para o contexto dos alunos, como discriminação social, preconceito e racismo, apontando para as desigualdades originárias no regime escravista, em vigor ao longo dos períodos Colonial e Imperial do Brasil, e reafirmadas sob novas características na República, mesmo (e talvez especialmente) após a abolição em 1888.

De acordo com o antropólogo e pesquisador Kabengele Munanga (2004), a formação da sociedade brasileira teria se pautado em pensamentos e práticas racistas e eugenistas, desenvolvidas por pseudo-cientistas nacionais e estrangeiros, sobretudo no início do período republicano.

O Estado e a sociedade, baseando-se no que Munanga chama de *ideologia do embranquecimento (2004)*, buscavam valorizar apenas as origens, as tradições e as culturas dos povos europeus, em detrimento da história das populações não-brancas. Esta ideologia fomentou práticas de exclusão racial e social no Brasil, alimentando as desigualdades econômicas, além de invisibilizar as contribuições, as lutas e os saberes dos africanos, dos afro-brasileiros e dos e dos povos indígenas para a construção de nossa sociedade e nossa cultura.

Seria por essa razão que o ensino de história e cultura africana, afro-brasileira e indígena teria sido eclipsado em nossas diretrizes educacionais. O escravismo de outrora e os preconceitos e discriminações atuais seriam, dentre outros fatores, a razão também dos alarmantes dados demográficos brasileiros, questão especialmente evidenciada nos índices de violência – No Brasil a chance de um jovem negro ser morto é superior a de um branco em 26 dos 27 Estados.[6]

---

6   O Atlas da violência 2018, divulgado pelo IPEA, comprova tal afirmação. Disponível em: http://www.ipea.gov.br/atlasviolencia/download/3/2018.

Também pode-se apontar para a desigualdade econômica entre populações brancas e negras como reflexo do racismo e do precoceito no mercado de trabalho. Não é à toa que o Brasil é um dos países mais desiguais do mundo, essa situação é histórica. Apontamos para estes exemplos marcantes, mas existem muitas outras esferas sociais cuja desigualdade e a discriminação deixam suas marcas.contudo, é tarefa da educação e de um trabalho de conscientização político-social lançar as bases para reverter essa vergonhosa (e histórica) situação. E tal processo demandará muito esforço e (re) conhecimento para se combater pré-conceitos.

As legislações (10.639/2003 e 11.645/2008) foram elaboradas após muita luta e pressão do movimento negro e indígena organizados no Brasil, contando com apoio internacional, especialmente da Conferência de Durban, ocorrida em 2001 na África do Sul. Após esse evento internacional, o Brasil, deixou para trás o mito da democracia racial e assume-se como racista, comprometendo-se a promover políticas públicas de *ação afirmativa* que revertessem ou minimizassem os danos causados pela desigualdade e discriminação social e racial no país.[7]

Acesso em junho de 2018.

[7] Para melhor avançarmos dentro desta discussão, recomendo as leituras de HYPERLINK "http://www.scielo.br/cgi-bin/wxis.exe/iah/?IsisScript=iah/iah.xis&base=article%5Edlibrary&format=iso.pft&lang=i&nextActio n=lnk&indexSearch=AU&exprSearch=DOMINGUES,+PETRONIO" DOMINGUES, Petrônio. Movimento negro brasileiro: alguns apontamentos históricos. Tempo [online]. 2007, vol.12, n.23, pp.100-122. Disponível em: http://www.scielo.br/pdf/tem/v12n23/v12n23a07.pdf. Acesso em outubro de 2017. Também: HYPERLINK "http://www.scielo.br/cgi-bin/wxis.exe/iah/?IsisScript=iah/iah.xis&base=article%5Edlibrary&format=iso.pft&lang=i&nextAction=lnk&indexSearch=AU&exprSearch=GONCALVES,+LUIZ+ALBERTO+OLIVEIRA" GONCALVES, Luiz Alberto Oliveira and HYPERLINK "http://www.scielo.br/cgi-bin/wxis.exe/iah/?IsisScript=iah/iah.xis&base=article%5Edlibrary&format=iso.pft&lang=i&nextAction =lnk&indexSearch=AU&exprSearch=SILVA,+PETRONILHA+BEATRI Z+GONCALVES+E" SILVA, Petronilha Beatriz Gonçalves e. movimen-

A educação e a formação do povo brasileiro são elementos fundamentais na luta contra o racismo e suas manifestações. Estudar as riquezas, os saberes, os valores, as práticas, as tradições, as culturas, as formas de governo, a religiosidade e outras características das populações africanas é necessário para combater preconceitos, mas também para valorizar os povos *historicamente prejudicados* (HONNETH, 2003) e suas contribuições para a humanidade.

De maneira análoga, é por meio do conhecimento sobre a história, as obras e realizações dos personagens afro-brasileiros, que podemos reconhecer a importância para a constituição da sociedade brasileira de tais populações.

Além da valorização e do reconhecimento, o conhecimento sobre a ancestralidade africana e suas raízes na formação do povo brasileiro é elemento fundamental para a construção de identidades negras de maneira positiva, fomentando a identificação dos sujeitos com elementos e características afro que, outrora, pautando-se na chamada *ideologia do embranquecimento* (MUNANGA, 2004), procurariam invisibilizar.

Foi a partir de tais ideias e inspirados pela *Pedagogia Hip-hop* proposta pelo pesquisador Marc Lamont Hill (2014), pelas discussões teóricas sobre a *ideologia do embranquecimento*, de Kabengele Munanga (2004) e a teoria crítica da *luta pelo reconhecimento*, de Axel Honneth (2003), elaboramos a proposta que apresentaremos a seguir.

Ao longo do texto que segue, o leitor irá encontrar uma síntese de uma das estratégias didáticas, desenvolvidas em nossa pes-

to negro e educação. Rev. Bras. Educ. [online]. 2000, n.15, pp.134-158. Disponível em: http://www.scielo.br/pdf/rbedu/n15/n15a09.pdf. Acesso em outubro de 2017. E: HYPERLINK "http://www.scielo.br/cgi-bin/wxis.exe/ iah/?IsisScript=iah/iah.xis&base=article%5Edlibrary&format=iso.pft&lang =i&nextAction=lnk&indexSearch=AU&exprSearch=GOMES,+NILMA+LI NO" GOMES, Nilma Lino. movimento negro e educação: ressignificando e politizando a raça. Educ. Soc. [online]. 2012, vol.33, n. 120, p. 727-744 quisa sobre métodos de ensino de história. A partir do rap *Serviço de preto* (2015) de Daniel Garnet, Peqnoh e Phael e de *Raiz de glórias*, letra do Z'África Brasil, estudamos a história da África, tendo foco em elementos que, de certa forma, se relacionariam com a ancestralidade de populações afro-brasileiras.[8]

No caso, o semestre letivo teve dois focos. No início, as discussões tinham como intenção refletir sobre as questões contemporâneas suscitadas pela letra do rap. Em seguida, procuramos dar ênfase à história africana.

Abaixo, como indicado, apresentaremos uma síntese de ambos os planos-de-aula, com exemplos da atuação prática junto aos alunos nos dois momentos.

Cabe ressaltar que esta não foi a única estratégia desenvolvida. Como apontado inicialmente, ao longo de três anos estudamos com os alunos sobre os povos indígenas, a partir de raps dos Brô's Mc's; abordamos também, a história de Chico Rei, a revolta dos malês e comunidades quilombolas, além de aulas sobre a relação histórica entre o hip-hop, sobretudo o rap, e as produções culturais afro-americanas, ressaltando sua história no Brasil, nos EUA e sua ancestralidade africana. Esperamos refletir sobre tais estratégias em textos futuros.

Ao longo desta publicação procuramos fomentar práticas de ensino renovadas em História, apresentando um exemplo de abordagem didática inspirada na *Pedagogia Hip-hop* (HILL, 2014).

Com essa estratégia os professores e educadores podem pensar e repensar docências e métodos em prol do desenvolvimento das diretrizes apontadas pelas Leis 10.639/2003 e 11.645/2008, seja através de letras de rap, da arte dos grafites ou mesmo tomando-a

---

8   No presente texto procuramos exemplificar as atividades desenvolvidas ao longo das *docências compartilhadas na EMEF Saturnino Pereira* interpretando apenas o rap da dupla de Piracicaba-SP, Daniel Garnet e Peqnoh, entretanto cabia ressaltar que durante as aulas também recorremos ao rap do grupo paulista Z'África Brasil.

como inspiração para se trabalhar em sala de aula com uma outra manifestação cultural afro-americana e mesmo indígena.

Como sabemos, a riqueza e a diversidade dos povos e culturas africanas afro-americanas e afro-brasileiras é tamanha que os educadores interessados no tema não terão dificuldades para encontrar inspiração para a elaboração de suas estratégias didáticas.

***

Serviço de preto

Compositor: Daniel Garnet & Peqnoh (Part. Phael Camargo)

Imagine que você vive em harmonia
É livre tem pai e mãe, tem filho e filha
Num clique, numa armadilha, alguém te oprime
Regime que te humilha e te suprime
Reprime te aprisionando com gargantilhas
Presilhas, correntes não são bijuterias
Desiste, no porão negreiro o sol não brilha
Evite olhar pra trás no mar não ficam trilhas
É triste ser separado da sua família
Progride a viajem em direção a ilha
Decide, calar-se ou apanhar por milhas
Não grite, aqui ninguém fala a sua lingua
Seu tempo já não é dos astros e do universo
E sim a pressa do opressor que presa o progresso
Despreza o seu credo menospreza o seu costume
O clero impõe a crença e quer que você se acostume
A ser um bom escravo, e ao fim da vida ir pro paraíso
A gente já vivia nele antes disso
O que nos resta agora: trabalhar sem dia, sem hora
Sem escala, cem horas por semana, sem grana
Sem nada, sem pausa, com náusea, sem causa,
Com trauma são pretos ditos sem alma
Em jaulas chamas senzalas
Sem ganho, sem banho, o cheiro de morte exala

"éramos guerreiros príncipes e camponeses,
Agora nos denominam vagabundos, viajamos
Nos navios negreiros por meses, nosso mundo
Novo, agora é o novo mundo"
Refrão 2x
Eu vou viver, eu vou vencer, vou chegar lá:
e nunca vou deixar de lutar

Eram pretos buscando liberdade veio a alforria
Um tipo de maquiagem pra esconder a hipocrisia
Uma utopia encomendada pra gerar frustração
Sem grana pra semente e nem terra para a plantação
Sem volta pra terra natal, sem embarcação
Agora são pretos buscando libertação
Demonizaram as crenças, padronizaram a cultura
Inventaram doenças, democratizaram a escravatura
Restaram escombros dos antigos quilombos
Afastaram os troncos, cicatrizaram os lombos
Tiraram o peso dos ombros, venceram a chacota
O chicote não chacoalha mais, nem estala nas costas
Ginga pastinha e bimba ao toque do berimbau
Ou candeia e donga ao som do carnaval
Guerreiros sempre seremos
Sofremos e nós sabemos
Não queremos nada do que não merecemos
Fazemos nossa parte, nosso trabalho, nossa arte
Mas ninguém reparte o pão, não querem ver nosso estandarte
Não é tarde, ainda é tempo tá ligado
Olhe em nossa história e entenda qual que é nosso legado
Temos cultura e ninguém pode nos tirar isso
Agora a gente prova, honra e mostra nosso serviço
De preto, muito respeito
Somos herdeiros e queremos o que é nosso por direito.
Refrão 2x
Eu vou viver, eu vou vencer, vou chegar lá:
e nunca vou deixar de lutar

Fomos escravos de ganho: mas, pro ganho de quem?
Trabalhamos pros senhores sem ganhar um vintém
Fomos agricultores, construtores, estrategistas
Somos produtores, professores, cientistas
Só nos quiseram como babás pras suas crianças
Hoje somos donos das casas da sua vizinhança
Dignamente sem falsidade ideológica
Preservando bem a identidade biológica.
Não somos melhores na música, não somos melhores no esporte
É onde tivemos melhores chances travestidas de sorte
Preta de branco é mãe de santo ou empregada doméstica
Não lhe passou na cabeça que poderia ser médica
Cê não admite que com bons olhos eu possa ser visto
Que eu posso subir na vida sem elevador de serviço
Sendo um advogado ou quem sabe um bom engenheiro
Isso é o que nós chamamos de serviço de preto
Refrão 2x: Eu vou viver, eu vou vencer, vou chegar lá:
e nunca mais vão me acorrentar
Eu vou viver, eu vou vencer, vou chegar lá!
Dignamente sem falsidade ideológica
Preservando bem a identidade biológica.
Não somos melhores na música, não somos melhores no esporte
É onde tivemos melhores chances travestidas de sorte
Preta de branco é mãe de santo ou empregada doméstica
Não lhe passou na cabeça que poderia ser médica
Cê não admite que com bons olhos eu possa ser visto
Que eu posso subir na vida sem elevador de serviço
Sendo um advogado ou quem sabe um bom engenheiro
Isso é o que nós chamamos de serviço de preto
Refrão 2x: Eu vou viver, eu vou vencer, vou chegar lá:
e nunca mais vão me acorrentar
Eu vou viver, eu vou vencer, vou chegar

Peqnoh, Daniel Garnet e Phael Camargo em cena do videoclipe de "Serviço de preto"

Aula inicial - Atividade de interpretação de texto e leitura:

Depois da leitura da letra e de asssitir o clipe do rap *Serviço de preto* (2015),[9] escrito por Daniel Garnet e Peqnoh, contando com a participação de Phael Camargo, pode-se perguntar aos alunos:

Qual os temas centrais da letra de rap?

Quais os elementos ou características que o ajudaram a elaborar sua resposta?

Destaque o(s) trecho(s) mais interessante/relevante/significativos em sua opinião e justifique.

Você vê relação entre desigualdade social, racismo e discriminação? Tais práticas teriam origens históricas comuns?[

A partir da resposta dos alunos, o educador terá elementos para iniciar as reflexões que introduzirão a temática das próximas aulas. Nesta primeira docência, pode-se discutir sobre a relação entre o escravismo, a desigualdade social, o racismo e o preconceito no Brasil

---

9   GARNET, Daniel., PEQNOH e CAMARGO, Phael. "Serviço de preto" in: GARNET, Daniel & PEQNOH. "Avise o mundo". Pegada de gigante: Piracicaba, 2015. Faixa 10. Videoclipe disponível em https://www.youtube.com/watch?v=bkvjsqv-gHo. Acesso em junho de 2018

tomando por base a interpretação da letra de rap acima citado. Nas demais aulas, retomamos pontos e ideias suscitadas pela letra e por tais discussões iniciais.

Interpretação da letra *Serviço de preto*, de Daniel Garnet, Peqnoh e Phael Camargo

O rap *Serviço de preto* é dividido em duas partes, uma que se refere à captura dos africanos e seu envio como escravizados para as Américas e outra, que diz respeito à situação de abandono dos afro-descendentes após a abolição, denunciando o preconceito, o racismo e a discriminação na sociedade brasileira atual.

Os rappers tomam como base para sua crítica a expressão preconceituosa *serviço de preto*, ressignificando o termo e conferindo a ele uma conotação positiva. O clipe apresenta, em seu início, relatos de pessoas negras que, independentemente da posição social que ocupam (sejam médicos, mestres, dentistas, etc) sofreram com o racismo. Logo em seguida, os rappers entram com sua letra, cuja narrativa remete, em sua primeira estrofe, a um passado em África que, por vezes, parece ecoar no Brasil contemporâneo: os autores relatam a captura de um africano para ser vendido como escravo nos portos inter-atlânticos.

Apenas neste trecho inicial de sua letra, os rappes tratam do desenraizamento imposto às pessoas negras, da separação familiar, das dores físicas e emocionais, da viagem até as ilhas atlânticas na Costa Oeste africana, parada de muitos povos antes da complicada e sofrida travessia do Atlântico em condições insalubres, as dificuldades de comunicação entre pessoas de diferentes origens, falantes das mais variadas línguas e pertencentes a culturas diversas. Dessa descrição, os rappers partem para, com o forte refrão que ecoa pelos séculos, a afirmação de que os africanos em diáspora e seus descendentes na Américas irão viver, irão lutar e irão vencer, finalizando a primeira estrofe da letra. Os negros e negras, filhos da mãe-África superarão as adversidades impostas e retomarão as glórias e riquezas dos povos africanos, diz a letra.

A segunda parte do rap faz uma crítica semelhante à do professor Munanga (2004) à abolição que não veio, denunciando que, mesmo após o 13 de maio, as pessoas pretas e pardas no Brasil continuaram sofrendo com o preconceito, com a discriminação social e racial, mantendo-se os abismos da desigualdade social brasileira.

Pouco foi feito para minimizar a situação de abandono imposta aos ex-escravos e seus filhos. O racismo, por sua vez, impediu a inserção dos mesmos no mercado de trabalho. As dificuldades econômicas dificultaram o avanço dos filhos nos estudos.

O preconceito *demonizava as crenças* e as práticas culturais dos negros. A ideologia do embranquecimento, em voga em finais do século XIX e que, segundo Munanga (2004), teria pautado o pensamento brasileiro e a construção da identidade nacional "oficial" no início do período republicano, procurava nos aproximar culturalmente e fisicamente dos europeus, valorizando as origens e as ligações históricas com Portugal, também introduzindo imigrantes pobres europeus no mercado de trabalho, urbano e rural brasileiro, numa tentativa de embranquecer a população e substituir as pessoas de ascendência africana. O governo chega mesmo a proibir a imigração de africanos para o Brasil no período.

E a lembrança dos *antigos quilombos* como força para as lutas diárias remete à importância não só da ancestralidade, mas também da valorização das raízes culturais de povos *historicamente prejudicados* (HONNETH, 2003), para a construção de uma identidade em bases positivas, levando o sujeito a desenvolver uma auto-estima de igual maneira bem estabelecida e fortalecendo-o para a vida em sociedade. Tal reconhecimento cultural traria resultados psíquicos contrários aos produzidos pelos ataques culturais e identitários diariamente sofridos pelas pessoas negras e pardas, como também lembra a estrofe.

Após a interpretação do rap, feita com os alunos nessa aula introdutória, podemos avançar em direção às duas temáticas planejadas para o semestre: primeiro, os estudos sobre os povos africanos para, em seguida, promover discussões sobre a questão do racismo e da discriminação no Brasil, finalizando com uma proposta de produção de texto dos estudantes, que aborde as discussões e estudos propostos. O hip-hop é uma cultura de raízes ligadas à diáspora africana. Além de ter sido criado pelos negros estadunidenses em meados dos anos 1970, espalhando-se através das comunidades afro-americanas pelas Américas ao longo dos anos 1980 e 1990, o hip-hop e seus elementos – o rap, o grafite, o break e a discotecagem - são manifestações que têm suas origens na cultura afro-americana.

Com a música, temos um ótimo exemplo dessa relação. O hip-hop desenvolve-se a partir da *disco music,* com influências da *funk music,* do *rithym and blues,* das *sound-systems* jamaicanas, do jazz, das *work-sounds.*

De acordo com o pesquisador afro-americano, Willian Smith (2015), algumas características das músicas encontradas na costa oeste africana desde meados do século XIV, estão presentes dos raps contemporâneos (e de outras manifestações musicais afro-diaspóricas): as falas-cantadas, as *signifying* (indiretas), os *double-entendre* (duplos sentidos), as chamadas-e-respostas, as escalas das melodias, o *swing,* a improvisação e, sobretudo, o *sampling* – que seria o rearranjo criativo de uma ideia, som ou elemento textual.

Pode-se refletir com os alunos sobre essas e outras influências culturais africanas presentes nas letras selecionadas para as aulas, e, então, partir para uma análise sobre a história dos povos afro, nas Américas e em África, buscando tais origens e ancestralidade.

Aulas intermediárias: raízes históricas africanas

Partindo destas reflexões estudamos, ao longo de algumas aulas, a respeito de reinos, povos e nações da África antiga, como o Egito, a Núbia, a civilização Axum e a ancestral Etiópia. Em seguida, abordamos a África clássica, com foco no Império do Mali e o reino de Gana, para, por fim, estudarmos os povos enviados para o trabalho forçado nas Américas, com especial atenção àqueles relacionados com a formação do Brasil, como os iorubás, os jejes, os reinos do Congo, Luanda e Moçambique.

Para tal abordagem, pode-se seguir uma estratégia semelhante à apresentada abaixo.

Vamos retomar alguns trechos do rap *Serviço de preto*.

"*éramos guerreiros príncipes e camponeses, Agora nos denominam vagabundos, viajamos Nos navios negreiros por meses, nosso mundo Novo, agora é o novo mundo*"

Refrão 2x:

Eu vou viver, eu vou vencer, vou chegar lá: e nunca vou deixar de lutar"

[...]

"*Olhe em nossa história e entenda qual que é nosso legado Temos cultura e ninguém pode nos tirar isso Agora a gente prova, honra e mostra nosso serviço de preto, muito respeito. Somos herdeiros e queremos o que é nosso por direito*"

Ao longo da letra do rap, os autores se referem a elementos da vida cotidiana dos negros em África antes do contato com os mercadores e traficantes europeus, como nos trechos destacados acima. Pode-se perguntar aos alunos: Você já estudou sobre os povos africanos? O que você sabe sobre o continente africano e suas populações antes, durante e depois da relação com o comércio mercantilista europeu e a exploração econômica das Américas?

Após a reflexão dos alunos, caminha-se para a abordagem de nações, reinos e povos africanos que iremos estudar. Apresento abaixo verbetes introdutórios sobre os mesmos.

O professor pode aprofundar sua pesquisa e a preparação de suas aulas consultando a Coleção da UNESCO sobre História da África, as publicações do africanólogo Alberto da Costa e Silva, como seu artigo *Um Brasil, muitas Áfricas* (Revista de História da Biblioteca Nacional, 2012) ou *O Brasil, a África e o Atlântico no século XIX* (1994), além de consultar os livros do professor Kabengele Munanga, como *Origens africanas do Brasil contemporâneo* e o livro didático *O que você sabe sobre a África?*, de Dirley Fernandes, publicado em 2016 e cujo exemplar parece ter sido enviado para todas as escolas municipais de São Paulo.[10]

---

10 A bibliografia de apoio para elaboração das aulas abrange muitas outras obras notáveis. Recomendo também as leituras de "Diáspora negra no Brasil", organizado por Linda Heywood (2010), sobretudo para estudos sobre os povos da região centro-africana e suas influências na formação da sociedade brasileira e de "A enxada e a lança: A África antes dos portugueses", do diplomata e africanólogo Alberto da Costa e Silva. Referências: HEYWOOD, Linda M (org.). *Diáspora negra no Brasil*. Tradução Ingrid de Castro Vompean Fregonez, Thaís Cristina Casson, Vera Lúcia Benedito. 1ª ed., 2ª reimpressão. São Paulo: Contexto, 2010 e COSTA E SILVA, A. A enxada e a lança: a África antes dos portugueses. Rio de Janeiro: Nova Fronteira, 1992.

Civilização Egípcia - O Egito "antigo"

A história do Egito faraônico conta com 30 dinastias que se sucederam entre cerca de 3000 e 333 a.C. (Munanga, 2016).

A civilização egípcia é uma das mais antigas do mundo. Registros arqueológicos encontraram evidências de povoações na região do Vale do Rio Nilo mesmo antes de 7.000 a.C.

O Egito desenvolveu-se mantendo uma importante relação com o Nilo. Aos poucos, homens e mulheres da região aprenderam a controlar os ciclos de cheias do rio para organizar sua produção agrícola, com ênfase no trigo e na cevada, permitindo o desenvolvimento de sua população. Seus cidadãos ocupavam diferentes posições sociais, dos Faraós aos camponeses e escravos, passando por escribas (a escrita hieroglífica egípcia é desenvolvida por volta de 4.000 a.C.), sacerdotes, soldados e outros funcionários dedicados à administração do território.

Em 3.200 a.C., Menés (ou Narmer), Faraó do alto Egito, sujeita o baixo Egito, dando início à primeira das 30 dinastias. Sua divinização deu tom a uma das características do Estado egípcio faraônico: uma sociedade teocrática. O soberano foi alçado ao Panteão dos deuses egípcios.

Entre 3.000 e 1.200 a.C, o Egito não sofre com invasões, experimentando o auge da civilização. Com o excedente da produção agrícola e sua anuidade, no restante do ano, o Estado mobilizava sua mão-de-obra para as obras faraônicas. Estradas, diques, canais e outras obras de infraestrutura eram de uso de todos; já outras, como as pirâmides, os palácios e os templos eram mais restritos, como a pirâmide de Gizé, túmulo do Faraó Quéops, data de 2.550 A.C. Para esta e outras construções, era necessário muito conhecimento em matemática, física, engenharia e arquitetura, dentre outros saberes que os egípcios dominavam muito bem, como a medicina e a astronomia.

Os egípcios mantinham relações comerciais com regiões longínquas, como a Suméria na Mesopotâmia na região leste e a Núbia, ao sul. Sua rede de influência atingia um enorme território. A partir da XX dinastia faraônica, iniciaram-se os períodos de instabilidade. Invasões de líbios, assírios, sudaneses, persas, greco-macedônicos guiados por Alexandre e em seguida, os romanos, que dominaram o território egípcio, alimentando sua população com a produção agrícola das férteis terras ao longo do Vale do Nilo.

Alternando períodos de sujeição e independência frente às potências da antiguidade mediterrânica, o Egito caiu sob o domínio dos bizantinos, que, por sua vez, foram sucedidos pelos povos árabes, que converteram boa parte da população à religião muçulmana, tendo alçado o Cairo, capital egípcia, à condição de Califado.

Com o desenvolvimento da geopolítica internacional no século XIX, a região é invadida novamente pelos europeus, primeiro pela França Napoleônica e, em seguida, pelos ingleses. O Egito moderno é uma nação soberana, membro da Organização dos Estados Africanos e da ONU. Atualmente os egípcios, apesar de ter populações devotas de outras religiões, como os cristãos coptas, são uma nação de maioria islâmica, falantes do árabe.

O Reino da Núbia/Kush ou Cuxe

A Núbia foi um grande reino que se desenvolveu ao sul do Egito. A população núbia era semi-nômade e artesã, com ênfase na produção de cerâmica.

Desenvolveram o comércio com os egípcios, enviando "ébano, marfim, incenso, gado, leopardos, enxota-moscas feitos de rabo de girafa e cereais, e recebiam objetos de cobre" (Fernandes, 2016, p. 14). Por volta do ano 2.000 a.C., os núbios se reúnem sob o reino de Kush, ou Cuxe.

Em 1.500 a.C., o Egito domina a região. No entanto, a Núbia, aproveitando-se de uma crise no poderoso país vizinho, a situação é revertida, período chamado de dinastia etíope ou dinastia núbia, que, após 200 anos, foi encerrada com a invasão assíria. Em virtude das guerras, os núbios deslocaram sua capital mais ao sul, para Meroé. "Em 170 a.C. a rainha Shanakdakhete passou a governar sem um rei, dando início a um interessante período de matriarcado nessa civilização (MUNANGA, 2016, p. 51); as mulheres ocuparam papel de destaque no governo de Kush. As governantes eram chamadas de Senhoras de Kush ou Candace.

O reino era politeísta e mantinha relações culturais com os vizinhos do norte, como podemos perceber em suas pirâmides, que guardavam suas próprias características.

Cuxe caiu sob o dominío do reino de Axum no ano de 350 d.C. Seguindo a influência da conversão bizantina do Egito, aos poucos Kush se cristianiza, para, em seguida, também manter relações com os povos da península arábica, especialmente os comerciantes.

O declínio desestabiliza as formas e organização social da região. Mas deve-se ressaltar a contribuição da civilização Kushita: "Certos povos na África ocidental derretem o bronze pelo processo de cera perdida, como se fazia no reino cuxita. Mas a contribuição da capital do império meroítico foi a disseminação da indústria do ferro no continente africano" (Munanga, 2016, p. 51) Atualmente a região engloba areas de principalmente dois países: Sudão e Sudão do sul, ambos enfrentando complicadas questões humanitárias.

A civilização de Axum e o Reino da Etiópia

Por volta do século I-II d. C., um reino, cuja capital tem o mesmo nome, emergiu na região do chamado Chifre africano, no norte da atual Etiópia e Eritréia, anexando nações próximas e avançando sua influência política sobre povos outrora dominados por Meroé, ao norte, e pelos reinos do sul da Árabia, a leste.

Uma civilização que surgiu ligada ao controle das rotas comerciais e portos da região, como Adulis, e cujo poderio e influência, em seu auge no século IV d.c, abrangia toda a extensão da antiga Núbia e o sul da península arábica: Axum.

Oriundos de uma nação que duraria mil anos, os axumitas eram descendentes de povos muito antigos. Registros escritos do mais antigo alfabeto encontrados na região datam do século V a. C., sendo uma variante de dialetos semitas da região sul da Arábia (MUNANGA, p.53, 2016). Com o tempo, a escrita etíope adquiriu traços próprios, diferenciando-se da grafia sul-arábica a partir do século II d.C (UNESCO, v. II, p. 377, 2016).

Desde o século III a.C., os povos da região dominavam a metalurgia, em especial do ouro, do ferro e do bronze (UNESCO, vol. II, p. 371. 2012) e a arte da cerâmica. Além de serem hábeis metalúrgicos, os axumitas, aos poucos, assumem o controle político da região, eram agricultores, com destaque para as plantações de trigo, uvas e o café, natural do norte da Etiópia e de grande importância no Brasil e no mundo. Também se dedicavam à pecuária, criavam gado, mulas, caprinos e até mesmo elefantes.

O Império de Axum era, sobretudo, dedicado ao comércio, relação que foi base de sustentação para o surgimento do reino Axumita. Suas mercadorias, como ouro, incenso e marfim (UNESCO, Vol. II, p. 374), alcançavam os litorais mediterrânicos sob influência romana, os indianos e os desertos da Pérsia, com destaque para a extração de mármore e o comércio de marfim, além da comercialização de escravos prisioneiros de guerra. A posição central do comércio nessa sociedade e a importância política alcançada por seus governantes são atestados pelas cunhagens de moedas de ouro, prata e cobre, sendo

Axum o primeiro reino da África tropical a desenvolver tal característica econômica (UNESCO, v. II, p. 405, 2012).

Também pode-se inferir que tenham sido estabelecidas relações dos axumitas com a judeia. Além da língua, alguns relatos indicam a presença de judeus em Axum desde os tempos remotos, havendo até uma antiga lenda de que a comitiva da rainha Makeda, conhecida como rainha de Sabá, teria levado a Axum a Arca da Aliança, dada como presente pelo rei Salomão. A rainha tivera um filho, Menelik I, com o rei Salomão, dando início à dinastia salômonica na Etiópia, por volta de 950 a.c., cujo fim se deu apenas em 1974, com a queda do Imperador etíope Heille Selasie I (Kebra Nagast, séc XIV, descreve a linhagem dos imperadores etíopes).

De fato, na cultura axumita havia a tradição da prática da circuncisão dos meninos, de se respeitar o sabá, além da existência de cantos litúrgicos e sagrados com referências à casa de Davi. No início da Era Cristã, Axum também mantinha relações comerciais com o Império bizantino.

Essa relação pode ter influenciado a conversão do reino africano de Axum ao cristianismo no século IV, construindo uma cultura com influências de religiões tradicionais cuxitas, que cultuavam elementos da natureza, além da religião judaica e da cristã. O templo de Yeha e a Igreja de São Jorge, em Lalibela, são bons exemplos da arquitetura religiosa etíope. Registros arqueológicos atestam a conversão ao cristianismo a partir do rei Ezana, com base nas moedas axumitas encontradas que contêm representações dos 18 monarcas de Axum (UNESCO, 2012).

O Império Romano-bizantino tornou-se um dos principais parceiros econômicos de Axum, bem como o Egito (UNESCO, vol. II p. 408, 2012). No século XVI, o reino cristão da Etiópia é confrontado com a expansão islâmica, que também deixara suas marcas, sendo um dos principais legados dessa relação a difusão do hábito do consumo do café pelos comerciantes arábes.

O reino da Etiópia, descendente de Axum, foi o único país abaixo do Saara que manteve sua soberania ao longo dos séculos, ocorrendo apenas um breve momento de intervenção externa ao longo da história, uma ocupação italiana e egípcia entre 1935 e 1948, no contexto das guerras mundiais.

A determinação da Etiópia e sua tradição histórica são símbolos de resistência e união para os povos africanos. Após as lutas pela independência frente ao colonialismo europeu, muitos países adotaram as cores da bandeira da Etiópia, que tornou-se referência para o Movimento Pan-africanista surgido no século XX. Cabe lembrar também que Lucy, denominação dada ao fóssil homo sapiens mais antigo já descoberto, foi encontrado na Etiópia, corroborando com pesquisas que apontam que a humanidade teria surgido em África e que foi a partir da mãe-África, que os humanos povoaram o resto do mundo.

Império de Gana

Após a queda do Império Romano, que ocupava a porção norte da África, sendo sucedido pelos Vândalos e pelos Bizantinos, a região do Saara transforma-se com a expansão islâmica.

A partir do século VII, discípulos de Maomé, especialmente os mercadores árabes, passaram a difundir a religião muçulmana pelo mundo, influenciando também os povos africanos. O primeiro Estado a se desenvolver de maneira notável, dotado de um poderoso exército e tendo reinos e populações na região como tributários, foi o Império de Gana, conhecido como "o país do ouro" (MUNANGA, p. 57, 2016).

Sua capital, Kumbi-Saleh, era formada por duas cidades, uma abrigando os prédios e palácios reais, outra muçulmana, com 12 mesquitas, morada dos juristas, dos letrados e dos mercadores. Gana controlava o comércio através do deserto do Saara, trocando ouro por tecidos, sal e outros utensílios. Em 1077, os almorávidas, povos berberes da costa atlântica dominam Kumbi-Saleh, dissolvendo o Império em pequenos reinos, que pouco a pouco foram convertidos ao islã.

O Império do Mali[11]

O Mali foi o segundo grande império a se formar na região do Sudão ocidental, sucedendo Gana. De acordo com as histórias conta-

---

11 Para aprofundar a abordagem sobre o Império do Mali, seria interessante consultar o material audiovisual produzido pela UFRGS. De acordo com o site do MEC: "Com cerca de 25 minutos de duração, o videodocumentário fala sobre a viagem que o marroquino Ibn Battuta empreendeu entre 1352 e 1353 ao Sudão ocidental. Para o coordenador do projeto do vídeo, José Rivair Macedo, professor de História da UFRGS, a viagem de Ibn Battuta "abre uma perspectiva inovadora para pensar, reconhecer e reconstruir a história dos povos africanos a partir de um ponto de vista interno". O relato do viajante, que constitui a base do documentário, mostra a variação geográfica, econômica, social e cultural do continente africano e particularidades dos povos com quem Ibn Battuta manteve em contato. "É um texto riquíssimo em informações geográficas e descrições de costumes dos povos visitados, de aventuras e episódios curiosos", diz o coordenador.." (Fonte: http://portal.mec.gov.br/ultimas-noticias/202-264937351/14245-video-de-universidade-gaucha-retrata-a-africa-do-seculo-14. Acesso em fevereiro de 2018. Pode-se assistir o vídeo através do link: https://www.youtube.com/watch?v=gidBURFVAmU. Acesso em fevereiro de 2018.

das, uma província mandinga havia sido atacada "pelo rei do Sosso do então império de Gana" (MUNANGA, p. 59, 2016), que massacrou os membros da nobreza local. Apenas Sundiata Keita, uma criança então enferma, sobrevivera.

Em 1235 o jovem mandinga reúne forças e investe contra Sumaoro Kantê, soberano Sosso, atacando a cidade de Kumbi-Saleh, vingando seu clã e estabelecendo um poderoso império, o Mali, tornando-se "Mansa".

O Mali, cuja capital era Niani, foi, por mais de 200 anos, o Estado mais rico do oeste africano. Os domínios do Mansa abrangiam muitas minas de ouro e cobre da região oeste africana e rotas comerciais transaarianas, por onde transportava-se diversos produtos, sobretudo sal. Além da pecuária, a agricultura baseava-se na plantação de algodão, arroz, feijão, inhame e legumes.

Muitos povos diferentes eram súditos do Mansa e o controle territorial era feito através de seu poderoso exército e por meio da unificação religiosa em torno do islamismo. No século XIV, Kanku Musa, Mansa do Mali, acumulou uma fortuna que, segundo economistas modernos, o tornou o homem mais rico da história. Um de seus feitos mais memoráveis foi uma viagem realizada a Meca no ano de 1324, acompanhado de um séquito de 60 mil súditos. Musa distribuiu ouro pelo caminho, sobretudo em prol da construção de inúmeras mesquitas, causando forte impacto no Cairo, capital do califado do Egito. Quando de seu retorno, Mansa traçou novas rotas comerciais e trouxe consigo pensadores árabes. Seu exército dominou a importante cidade de Timbuctu (ou Tombuctu), próxima à curvatura do rio Níger, transformando-a em um importante centro religioso e estabelecendo ali a primeira universidade do oeste africano, referência em estudos e pesquisas.

Muitas das tradições culturais e dos relatos orais sobre o modo de vida do Mali foi transmitido por meio dos Griots, sábios da costa oeste africana responsáveis por preservar e propagar os costumes e os saberes de seu povo. No século XV, o Mali entrou em declínio. Uma série de conflitos internos, problemas de sucessão ao trono e o crescente ataque de nações vizinhas culminaram na erosão desse poderoso império africano. Sobretudo o crescente poderio dos Songhais enfraqueceria o poder do Mansa.

Contudo, o início das relações comerciais com os navegantes portugueses, que chegam no encalço dos marroquinos atraídos pelas lendárias regiões auríferas, trouxe nova força política para o Mali, que se envolve nas relações mercantis escravistas fornecendo homens e mulheres em troca de mercadorias.

Aos poucos, os portugueses incentivaram as pequenas províncias, especialmente as litorâneas, a se rebelarem contra o poder central do Mansa do Mali. As guerras cresceram de maneira assustadora. Ao norte ocorrem ataques de povos tuaregs e à oeste o crescente Império Songai conquista cidade após cidade malinense, chegando mesmo a dominar Timbuctu e rotas comerciais transaarianas importantes.

Tais conflitos desmontaram de vez o Império por volta de 1599. De acordo com Fernandes (2016), entre 1576 e 1600, 40 mil africanos desembarcaram no Brasil, 274 mil nas Américas. As campanhas militares para se obter prisioneiros, as guerras entre nações e povos, o esvaziamento da mão-de-obra na agricultura e a desestabilização política, econômica e social da costa oeste africana incentivada pelo tráfico de escravizados transformou de maneira brutal as sociedades que ali viviam. O Brasil foi o principal porto de recepção dessas pessoas arrancadas à força de suas terras.

Os Iorubás

Tidos como Iorubás (e, no Brasil, tambem Nagos), sabiam-se oiós, ifés, egbas, auoris, quetos, ijexás, ijebus, equitis, ondos, igbominas *ou de outras nações* (COSTA E SILVA, p. 2, 2012)

Vivendo na costa oeste africana, onde hoje localiza-se a Nigéria, Togo e Benin, os Iorubás, conhecidos também como nagôs, são povos de diferentes nações e reinos que compartilham das mesmas tradições e são da mesma origem cultural.

Os iorubás foram muito importantes para a formação do Brasil. Deve-se enfatizar especialmente suas contribuições no âmbito religioso, influenciando no desenvolvimento do candomblé, do Tambor-demina e de outras religiões de matrizes africanas nas Américas, a partir da força de suas tradições, da fé em seus orixás e em seus ancestrais e, evidentemente, da interpretação sobre sua relação com outros povos, africanos e europeus, em sua terra ou na diáspora.

Em África, os Iorubás organizavam-se politicamente em cidades-Estado independentes, que compartilhavam a mesma língua, história, religião e cultura desde pelo menos o século XI, de acordo com o professor Munanga (2016). Entretanto, podemos encontrar vestígios de sociedades desenvolvendo-se na região desde muito antes. A ocupação humana no Vale de Ifé data de 350 a.c. A partir do século VII, as aldeias locais organizam-se, criando uma importante rede de estradas que ligavam, comercial e culturalmente, cidades importantes, como Ifé, Ketu, Benin e Oió. Pela lenda, os iorubás são descendentes de Oduduwa, que teria descido do céu com uma galinha e uma cabaça de areia, e ao derramar a areia sobre o mar, a ave espalhou-a, dando origem à terra dos Iorubás.

De fato, cada cidade-Estado Iorubá era governada por um monarca, que em Ifé, cidade que teria originado as demais, chamava-se Oni; já em Oió, em Benin e nas outras cidades-Estado, o governante era intitulado Obá, e sua area de influência abrangia outras cidades menores, que lhes eram tributárias, além das zonas de floresta, muito importantes para a economia, a religiosidade e a subsistência nagô.

Os iorubás dominavam a metalurgia, principalmente do cobre, e eram ótimos artesãos, trabalhando como ferreiros, marceneiros, tecelões e oleiros, como atestam as peças arqueológicas.

A guerra era uma atividade central na vida iorubá, importante para a dinâmica econômica, assim como a agricultura, sendo os nagôs dedicados sobretudo ao cultivo de inhame e da palmeira. Por volta do século XVII e XVIII, o reino de Oió sobrepõe-se às demais cidades-Estados naquela área da costa Oeste africana. As guerras, vencidas por seu poderoso exército, alimentavam o comércio de cativos para as Américas, fomentando a captura e o envio de milhares de africanos para o Novo Mundo. Contudo, no século XIX, foi Oió que sofreu com os ataques. Vieram os povos muçulmanos que destituiram o poderio desse reino. Outra grande leva de nagôs foi enviada ao Brasil, sobretudo para a Bahia, em meio a tais conflitos no país dos iorubás.

Assim, os povos muçulmanos do norte e os cristãos do litoral subjugaram os iorubás, mas apesar da enorme pressão, as crenças e tradições nagôs persistem ianda hoje em ambos os lados do Atlântico (MUNANGA, 2016).

Outra importante cidade nagô foi Benin, localizada a oeste. A cidade era especializada na produção de tambores, na metalurgia do bronze e no artesanato. A população organizava-se de acordo com uma estrutura social hierárquica, tendo o Obá como cargo superior.

No século XV, Benin começou a se relacionar com mercadores europeus, sobretudo portugueses, o que alterou a dinâmica econômica e social local, passando cada vez mais a se envolver nas guerras contra os outros reinos da região em busca de influência política, capital econômico e, sobretudo, de cativos para alimentar o comércio inter-atlântico de escravizados, que cada vez mais exigia homens e mulheres para os trabalhos forçados no Brasil e nas Américas.

No final do século XIX, os ingleses tentaram se impor sobre o reino do Benin, sofrendo resistência por parte do Obá e seus soldados. Em 1897, o Reino Unido enviou uma expedição militar à região, destituindo o poder do Obá e pilhando a capital do reino. Hoje, graças ao saque feito na época, muitas das obras de arte iorubás encontram-se nos museus da Europa.

Mas também há peças no Brasil, país que recebeu a maior parte das pessoas vindas dessa região da África e que guarda relações históricas e culturais com esses povos, também considerados ancestrais do povo brasileiro. O acervo do Museu Afro-Brasil possui peças de artistas e artesãos iorubás em sua seção África: diversidade e permanência[12] e

---

12 África: Diversidade e Permanência: Núcleo dedicado à riqueza cultural, histórica e artística dos povos africanos. Exibe obras das mais variadas funcionalidades e concepções estéticas, que demonstram a competência técnica dos seus autores e exemplificam a imensa diversidade desse continente. Nas vitrines estão expostas desde máscaras e estatuetas feitas em madeira, bronze e marfim até vestimentas bordadas em fios de ouro, todas originárias de diferentes países e grupos culturais como Attie (Costa do Marfim), Bamileque (Camarões), Luba (Rep. Democrática do Congo), Tchokwe (Angola) e Iorubá (Nigéria)". Museu Afro-Brasil. Para

também conta com ornamentos e vestimentas que dizem respeito aos orixás do candomblé e aos egunguns, além de instrumentos musicais, pinturas e esculturas relacionados aos nagôs (e, evidentemente, a outros povos africanos). "Tidos como Iorubás (e, no Brasil, tambem Nagos), sabiam-se oiós, ifés, egbas, auoris, quetos, ijexás, ijebus, equitis, ondos, igbominas ou de outras nações" (COSTA E SILVA, p. 2, 2012)

O Daomé[13]

O reino do Daomé, cuja capital era a cidade de Abomey ou Abomé, desenvolveu-se na costa oeste africana, onde hoje se encontram o Togo, Gana e o Benin (antigo país Daomé) por volta de 1620.

---

mais informações acesse: http://www.museuafrobrasil.org.br/programacao-cultural/exposicoes/longa-duracao. Disponível em fevereiro de 2018.

13   Para esta seção de nossa abordagem seria interessante recorrer ao documentário "Atlântico negro – Na rota dos orixás" (1998), como fonte. O documentário apresenta a relação das religiões de matrizes africanas brasileiras com a religiosidade da Costa Oeste africana, sobretudo os povos jejes e iorubas. BARBIERI, Renato. "Atlântico negro – Na rota dos orixás". 1998. Disponível em: https://www.youtube.com/watch?v=5h55TyNcGiY. Acesso em fevereiro de 2018.

Controlando uma pequena porção de território ao redor de sua capital, os jejes, como também é conhecida a população local, de língua fon e subjugada ao rei do Abomé, viram seu reino crescer após a tomada do controle do porto escravista de Ouidah em 1747, um dos principais portos responsáveis pelo embarque de cativos africanos.

Do porto de Ouidah, partiam navios que desembarcavam principalmente na Bahia, província que controlava o comércio de escravizados no período. Relacionando-se comercialmente com os europeus, especialmente com os portugueses, com os quais trocavam cativos escravizados por armas de fogo, os daomeanos inverteram a relação conflituosa que alimentavam com seu principal rival, o reino iorubá de Oió.

As guerras constantes entre ambos alimentaram o tráfico negreiro. Num primeiro momento, Oió levou vantagem, subjugando Abomey e Ouidah, mas com o declínio iorubá, o exército de Daomé, composto de homens bem treinados e pelas famosas guerreiras amazonas daomeanas, lança campanhas contra as populações e cidades nagôs despreparadas, o que proporciona a captura e o envio de milhares de cativos de guerra às Américas.

Para o Brasil embarcaram inclusive membros da família real de algumas cidades-Estado, como Ketu e Oió, que foram responsáveis pela estruturação do candomblé na Bahia, como conta a história do Candomblé da Casa Branca do Engenho Velho.

Mas as guerras também atingiram o Daomé internamente. Em um conflito sucessório, a então família real daomeana foi subjugada e enviada como escravizados ao Maranhão, onde a rainha Nã Agotimé teria fundado a Casa das Minas e o culto aos Vuduns de seus ancestrais conhecido como Tambor de Mina, no Maranhão, em 1849. Seu filho, Rei Guezo, ao reconquistar o trono do Daomé enviou embaixadas à diversas regiões das Américas, tentando reencontrar sua mãe, sem sucesso.

No final do século XIX, com a proibição do tráfico inter-atlântico de escravizados o reino de Abomé precisou reestruturar sua economia e sua política, voltando-se para a exportação de óleo de palma com base em mão-de-obra cativa. Em 1894, uma campanha militar francesa conquistou Daomé, depondo seu último monarca, Behanzin.

O Reino Axante ou Achanti

Vivendo na região da Costa do Ouro africana desde meados do século XV, os povos da etnia Acã se organizaram politicamente em torno de um Estado unificado por volta do século XVIII, obra do príncipe Osei Tutu e do mágico Okomfo Enokye, em 1700. Segunda as lendas da região, o trono de ouro desceu do céu e repousou no joelho de Tutu, nomeando-o líder dos Axantes. Até hoje a autoridade Axante conserva seu trono, símbolo da autoridade, em Kumasi, antiga capital do reino. A unificação Acã deu origem ao Império Axante e foi uma reorganização política em resposta às transformações sociais e econômicas pelas quais passava a região após a chegada dos europeus ao litoral. O militarismo era uma característica axante, que mantinha suas estruturas por meio de guerras e conquistas frente aos povos vizinhos.

Com economia voltada à extração de ouro e para o comércio, especialmente com os europeus, com os quais obtinham armas de fogo e outras mercadorias, os axantes desenvolveram-se devido ao controle das rotas comerciais locais. É justamente nessa região da costa oeste africana que, em 1481, os portugueses construiram o Forte de São Jorge da Mina, que se tornou um dos mais notáveis portos comerciais do Atlântico, transformando a dinâmica da região.

O principal produto exportado eram escravizados para o trabalho forçado nas Américas, mas ali também comercializavam-se outras "mercadorias" dentro da dinâmica da economia mercantilista da época. Trocava-se pessoas do mesmo modo que negociava-se tabaco, armas, metais preciosos, cachaça, marfim, noz-de-cola, tecidos, artesanatos e outros produtos... O domínio desse comércio e de suas rotas levou à centralização e à ascensão do Império Axante.

No contexto das disputas imperialistas no final do século XIX, os Axantes entrraam em guerra com os britânicos. A Rainha Yaa Asantewaa liderou a resistência de seu povo, mas em 1902 os europeus subjugaram a região, declarando-a colônia britânica. Os Axantes guardam muitas relações com o Brasil, sendo responsáveis, dentre outros povos, como os Sossos, pelo desenvolvimento das técnicas de metalurgia e mineração. De acordo com o africanólogo Alberto da Costa e Silva: "Durante séculos, algumas regiões como o Rio Falemé, o Alto Níger, o país Acã e o planalto do Zimbábue foram os principais fornecedores (de ouro) da Europa e do mundo muçulmano, trouxeram com eles as técnicas da bateia e de escavação de minas. Alguns eram bons ourives, que criavam, na África, joias de grande beleza, como as dos Axantes, e passaram a fazê-las com novos modelos no Brasil" (COSTA E SILVA, p. 2, 2012).

O Reino do Congo[14]

O Reino do Congo foi um importante Estado localizado na região centro-oeste africana, onde hoje é o norte de Angola e o litoral do Gabão e do Congo moderno.

No século XIV, o reino era governado, na capital Mbanza Congo, pelo Manicongo, cargo de monarca ao qual era eleito um dos chefes representantes dos antigos clãs locais, que compunham o conselho real. A hierarquia social do Congo também era composta por camponeses e escravos, para além dos funcionários reais, dos soldados e da nobreza.

Os congoleses pertenciam ao grupo dos povos de cultura e língua bantu. Na região, compartilhavam o idioma quicongo, o Mbundo e alguns outros dialetos, que tiveram influência no "português brasi-

---

14 Para introduzir esta seção, também podemos retomar o rap "Raiz de glórias" do grupo paulistano Z'África Brasil, "Raiz de glórias" in: Z'áfrica Brasil. "Tem cor age". YB Music: São Paulo, 2006. Faixa 01. e/ou a letra de "Zumbi", de Jorge Ben Jor. JOR, Jorge Ben. "Zumbi" in: JOR, Jorge Ben. "A tábua de esmeralda". Philips records, Rio de Janeiro, 1974. LP, Lado B, faixa 02.

leiro", cuja presença se fez sentir em palavras como berimbau, samba, farofa, fubá, moleque, senzala, quilombo e zumbi, dentre muitas outras. De acordo com Costa e Silva (2012): "Os falantes de quimbundo, os Nbundos de Angola, compreendiam vários grupos com dialetos e culturas diferenciados, entre os quais os Ndongos, dembos, hungos, quissamas, songos, libolos e bangalas" (COSTA E SILVA, p. 1, 2012). A economia do Congo era baseada no comércio, nos impostos reais e no escravismo. Os principais produtos comercializados eram tecidos, marfim e conchas marinhas, usadas como moeda. Em 1482, logo no início da presença portuguesa na região, o Manicongo Nzinga Kuvu estabelece uma parceria econômica com o rei Manuel I, de Portugal, por meio do navegador Diogo Cão. Foram enviados embaixadores à Europa, retornando com homens especializados em determinadas áreas, artesãos, missionários e diplomatas. Nzinga Kuvu enviou seus filhos para serem educados em escolas portuguesas e ordenou a construção da primeira Igreja Católica na região, em 1491, local no qual foi batizado como João I.

Em 1506, com a morte de Kuvu, subiu ao trono seu filho Affonso I. Este Manicongo empreendeu um projeto de conversão religiosa em seu território, solicitando o envio de mais religiosos missionários para a conversão da população. A corte portuguesa, entretanto, tinha outros planos, visando, sobretudo, assumir o controle econômico da região. Com este fim, associou a missão religiosa ao monopólio comercial sobre o reino do Congo.

Ao longo do tempo, os portugueses fundaram os Fortes de Cabinda, São Paulo de Luanda e Benguela, enfraquecendo e dividindo o poder dos Manicongos. No contexto das guerras por entrepostos comerciais em África e por terras para a colonização, empreendidas entre Portugal e Holanda, o reino do Congo sofreu com ataques e invasões, especialmente por suas relações com Pernambuco, Bahia e o nordeste açucareiro do Brasil.

Culturas ancestrais e contemporâneas na escola 107

No final do conflito, os portugueses (oriundos da colônia brasileira) expulsaram os holandeses de suas posses nas Américas e na África e dominaram o comércio local. Foi em meio a este conflito que, na Serra da Barriga, hoje Alagoas, populações de diferentes origens africanas se reuniram no histórico Quilombo dos Palmares. Inspirados por organizações sociais e militares da região do Congo, os quilombos tornaram-se núcleos de resistência negra à escravidão nas Américas. As comunidades quilombolas surgiram no Brasil e em outros países e muitas existem até hoje.[15] Os congoleses cultuavam os inquices (ou Nkises), espíritos de seus antepassados e da natureza, que acreditavam influenciar em sua vida cotidiana. O culto aos inquices sobrevive nos terreiros de religiões de matrizes africanas, no Brasil, em Cuba e no restante das Américas.

Aulas finais: reflexão e produção de texto

Como atividade-síntese das aulas pode-se propor para os alunos que elaborem textos sobre a história e cultura africanas. Antes de tal elaboração, e ainda tomando o rap como exemplo, pode-se discutir em mais algumas aulas a respeito dos elementos literários presentes neste gênero musical, sobretudo figuras de linguagem, elementos da narrativa e a construção das rimas, presentes nas letras de rap abordadas durante as atividades.

Após esses estudos de língua portuguesa, pode-se retomar as aulas de história da África solicitando aos alunos que levantem palavras-chave que remetem aos temas estudados anteriormente. A partir de tais palavras, dos estudos sobre os povos africanos e sobre os elementos literários presentes nas construções dos raps analisados nas aulas, é possível construir um quadro de referências para que os alu-

---

15 Para conhecer algumas comunidades de remanescentes de quilombos no Brasil vale a pena conferir a matéria feita pela TV Brasil: "Quilombos – Caminhos da reportagem", TV BRASIL. 50 min. Disponível em: http://tvbrasil.ebc.com.br/caminhosdareportagem/episodio/quilombos

nos elaborem versos sobre o que aprenderam, contendo tanto o tema das aulas quanto as palavras-chave por eles selecionadas.

Como exemplo, apresentamos um quadro elaborado em uma de nossas abordagens[16]. Os alunos selecionaram as seguintes palavras-chave:

> Riqueza – Ouro – Reis – Rainhas - Rei Leão- Império -Mansa Musa – Maomé - Núbia – Faraó - Pirâmides – Areia – Cleópatra – Egito – Múmia - Costa do Marfim – Etiópia – Gana - Brasil - Continentes - Mundo - Reino – Exu – Religião – Macumba - Escravidão –África – América - Deuses - Mediterrâneo - Racismo – Preconceito - Quilombo - Correntes - Bulling - Serviço de preto - Desigualdade social -Machismo - Dança - Senzala - Capoeira - Chicote - Música - Zumbi -Tambor - Palmares - Revolta.

A partir dessas palavras surgiram alguns versos, elaborados pelos jovens, e que foram apresentados para toda a comunidade escolar da EMEF Saturnino Pereira em um evento cultural de hip-hop no final do semestre letivo:

> *"Lutamos por justiça,*
> *Para todos os brasileiros*
> *e também para o mundo inteiro,*
> *sempre sem preconceito!*
> *Capoeira (também) é uma forma de resistência,*
> *temos atitude e também nossa consciência...*
> *Queremos o que é nosso por direito,*
> *Somos considerados: cidadãos de respeito!"*

---

16   No caso, havíamos estudado apenas o Egito, Núbia, Axum, Etiópia, Mali, os Iorubás, Daomé, Congo e Luanda, além das discussões sobre questões raciais e discriminatórias suscitadas na aula na qual interpretamos a letra de *Serviço de preto*.

"*Zumbi...*
Um pobre homem estava ali:
Brigando, lutando, batendo e apanhando...
Discriminado, um homem fica revoltado!
Preconceito revolta, racismo você chora!
É importante a reflexão:
Homens malvados querem mandar no cidadão!"
"Precisamos acabar com a desigualdade,
Que causa revolta na sociedade...
Fomos acostumados a lidar com a discriminação,
Mas não podemos deixar que isso vire o futuro da nação"

"Lutar pela liberdade,
Para acabar com essa maldade!
Sei que existe a lei,
Mas queremos conscientização
Para acabar com a discriminação"
"Tudo se iniciou em 20 de Novembro
Para ter conhecimento
No dia dos negros
E para ter respeito e conscientização,
Apenas para o cidadão: reflexão!
Eles lutaram, resistiram,
E hoje podem andar sorrindo:
Porque lutar pela nação
Não é mole não!
E hoje meu irmão:
são negros libertos da escravidão!"

"Temos que ter conscientização:
Desde a época da escravidão
Que os negros vêm sofrendo discriminação.
E também tem o preconceito de religião:
Muitos julgam o candomblé
E nem sabem o que é...
Negros sofriam desde a África,

Onde foram feitos escravos
E agora em 2016
Continuam sendo humilhados"
"Os negros já sofreram com muita discriminação,
Mas eles foram atrás da sua libertação.
Com muito trabalho e com boa vontade
Eles conseguirão acabar com a desigualdade.
O capitão-do-mato invadiu o Quilombo
Os negros chegaram com a capoeira
e ele levou um tombo.
Depois de tudo o que aconteceu
Mesmo assim conseguiram sua igualdade,
Destruiram seus inimigos,
conseguiram libertar os povos cativos
e todos saíram vivos..."

Conclusão

Por meio de nossas leituras e discussões, procuramos valorizar a riqueza de culturas e povos do continente africano, ressaltando suas contribuições para a humanidade. Refletimos sobre os saberes, as práticas e as visões-de-mundo africanas que foram trazidas na alma do povo africano em diáspora para as Américas.

As contribuições dos povos africanos são muitas. Seja na criação de gado, em que a experiência dos *haussás* e dos *fulanis* fôra importante para o desenvolvimento desta prática na América portuguesa, seja na agricultura, tanto voltada para a subsistência, quanto no trabalho nas grandes lavouras de monocultura destinadas ao mercado externo, seja também na mineração, com destaque para os sossos e os *axantes*, cuja habilidade na extração e em ourivesaria merecem destaque.

Além da mineração e da agricultura, os homens e mulheres africanos e afro-descendentes foram, desde o século XVII, a principal força também nos trabalhos urbanos em geral e, não obstante, nos domésticos, dentre inúmeros outros setores e exemplos possíveis de trabalho subalternizado.

As habilidades e a inteligência dos africanos e dos afro-descendentes foram e (são) fundamentais para a constituição do Brasil. Podemos perceber sua influência em diversos elementos da cultura nacional. O samba, a capoeira, o maculelê, o reisado, a congada, o maracatu são exemplos, dentre muitas outras manifestações culturais, cujas raízes remetem à força criativa dos afrodescendentes. A religiosidade e a fé destes povos não podem ser esquecidos, sobretudo a contribuição *Jeje* e *Nagô*, bem como dos povos *bantus*, para a elaboração do Calundu, do Candomblé, da Umbanda, do Tambor-de-Mina e outras práticas religiosas de origem afro no Brasil.

Em nossas docências compartilhadas, iniciamos a abordagem dos temas pela análise e interpretação das letras de rap selecionadas para cada aula. No caso de nosso exemplo, apresentamos a interpretação de apenas uma letra de rap, mas em nossas docências compartilhadas recorremos a mais produções do gênero.

Após refletir em conjunto com os alunos sobre o tema central do rap, pediamos para que cada um, individualmente, destacasse o trecho que consideravam mais significativo ou interessante, para, então, debater com a turma sobre os principais pontos levantados. Com esta atividade preparatória foi possível perceber os pontos mais relevantes para os alunos. No caso, a letra de *Serviço de preto* levou-nos a refletir, tanto sobre as origens africanas do Brasil, como sobre as dificuldades e as estratégias de sobrevivência e de resistência dos afro-brasileiros no período escravista, bem como sobre o racismo vigente na sociedade contemporânea.

Bibliografia e webgrafia

AMARAL, Mônica. "O que o rap diz e a escola contradiz: um estudo sobre a arte de rua e a formação da juventude na periferia de São Paulo". São Paulo: Alameda, 2016, p. 258

AMARAL, M. do e CARRIL, L. "O hip hop e as diásporas africanas na modernidade: uma discussão contemporânea sobre cultura e educação" São Paulo: Alameda Ed./FAPESP, 2015.

COSTA E SILVA, A. Um Brasil, muitas Áfricas. Rio de Janeiro: Revista de história da biblioteca nacional, 2012.

COSTA E SILVA, A. A enxada e a lança: a África antes dos portugueses. Rio de Janeiro: Nova Fronteira, 1992.

DOMINGUES, Petrônio. Movimento negro brasileiro: alguns apontamentos históricos. Tempo [online]. 2007, vol.12, n.23, pp.100-122. Disponível em: http://www.scielo.br/pdf/tem/v12n23/v12n23a07.pdf. Acesso em outubro de 2017.

FERNANDES, Dirley. "O que você sabe sobre a África: uma viagem pela história do continente e dos afro-brasileiros". 1ªEd. – Rio de Janeiro: Nova Fronteira, 2016.

GONCALVES, Luiz Alberto OliveiraeSILVA, Petronilha Beatriz Gonçalves. Movimento negro e educação. Rev. Bras. Educ. [online]. 2000, n.15, pp.134-158.

Disponível em: http://www.scielo.br/pdf/rbedu/n15/n15a09.pdf. Acesso em outubro de 2017.

GOMES, Nilma Lino. Movimento negro e educação: ressignificando e politizando a raça. Educ. Soc. [online]. 2012, vol.33, n.120, pp.727-744.

HEYWOOD, Linda M (org.). Diáspora negra no Brasil. (Tradução Ingrid de Castro Vompean Fregonez, Thaís Cristina Casson, Vera Lúcia Benedito). 1ª ed., 2ª reimpressão. São Paulo Contexto, 2010

HONNETH, Axel. Luta por Reconhecimento: A Gramática Moral dos Conflitos Sociais. 1ª. Ed. São Paulo: Editora 34, 2003.

HILL, M. "Batidas, rimas e vida escolar: Pedagogia Hip-Hop e as políticas de identidade". Petrópolis: Ed. Vozes, 2014.

MATTOSO, Katia. "Ser escravo no Brasil". Trad. James Amado. São Paulo: Brasiliense, 2001. P. 16 – 96.

MUNANGA, Kabengele. "Por que ensinar a história da África e do negro no Brasil de hoje?" Revista do Instituto de Estudos Brasileiros, n. 62. 2016. P. 20-31.

MUNANGA, Kabengele. Rediscutindo a mestiçagem no Brasil: Identidade nacional versus identidade negra. 3ª Ed. Autêntica: São Paulo, 2004.

MUNANGA, Kabengele. Origens africanas do Brasil contemporâneo. Global: São Paulo, 2009.

PEREIRA, AMILCAR. "A lei 10.639/2003 e o movimento negro: aspectos da luta pela "reavaliação do papel do negro na história do Brasil". Cadernos de história, Belo Horizonte, v. 12, n.17, 2011.

UNESCO. História geral da África - vol II: África antiga. Editado por Gamal Mokhtar. 2.ed. rev. – Brasília : UNESCO, 2010.

UNESCO. História geral da África - vol III: África do século VII ao XI. Editado por Mohammed El Fasi. 2.ed. rev. – Brasília : UNESCO, 2010

UNESCO. História geral da África - vol IV: África do século XII ao XVI. Editado por Djibril Tamsir Niane. 2.ed. rev. – Brasília : UNESCO, 2010.

UNESCO. História geral da África - vol V: África do século XVI ao XVIII. Editado por Bethwell Allan Ogot. 2.ed. rev. – Brasília : UNESCO, 2010

Webgrafia:

Atlas da violência 2018, divulgado pelo IPEA, comprova tal afirmação. Disponível em: http://www.ipea.gov.br/atlasviolencia/download/3/2018. Acesso em junho de 2018.

BARBIERI, Renato. "Atlântico negro – Na rota dos orixás". 1998. Disponível em: https://www.youtube.com/watch?v=5h55TyNcGiY. Acesso em junho de 2018.

TV BRASIL. "Quilombos – Caminhos da reportagem", TV BRASIL. 50 min. Disponível em: http://tvbrasil.ebc.com.br/caminhosdareportagem/episodio/quilombos. Acesso em junho de 2018.

GARNET, Daniel., PEQNOH e CAMARGO, Phael. "Serviço de preto" in: GARNET, Daniel & PEQNOH. "Avise o mundo". Pegada de gigante: Piracicaba, 2015. Faixa 10. Videoclipe disponível em https://www.youtube.com/watch?v=bkvjsqv-gH0. Acesso em junho de 2018.

JOR, Jorge Ben. "Zumbi" in: JOR, Jorge Ben. "A tábua de esmeralda". Philips records, Rio de Janeiro, 1974. LP, Lado B, faixa 02. Acesso em junho de 2018. Z'África Brasil. "Raiz de glórias" in:Z'áfrica Brasil. "Tem cor age". YB Music: São Paulo, 2006. Faixa 01.

Links das imagens acessados em fevereiro de 2018:

https://upload.wikimedia.org/wikipedia/commons/1/14/Ann_Zingha%2C_queen_of_Matamba.jpg
Manikongo João I of Kongo, alias Nzinga a Nkuwu or Nkuwu Nzinga.

https://en.wikipedia.org/wiki/File:Jean_Roy_de_Congo.jpg

http://www.aacdd.org/tl_files/events/2011/07/IMA/IFE_art.jpg

http://static.messynessychic.com/wp-content/uploads/2016/03/Amazons_Dahomey_P-660x357.jpg

https://s-media-cache-ako.pinimg.com/originals/87/33/45/87
3345a739f6f5a7a0e3a647df7a5ebf--richest-man-king-of-kings.jpg

http://www.ancient-origins.net/sites/default/files/field/image/Axum.jpg

http://www.ancient-origins.net/sites/default/files/field/image/Fallen-Kingdom-connection.jp

http://ancientegyptswag.weebly.com/uploads/4/4/3/7/44379973/8795701_orig.jpg

https://assets.answersingenesis.org/img/cms/content/contentnode/header_image/ancient-egypt.jpg

http://www.egyptarchive.co.uk/html/cairo_museum_54.html

3. HIPHOPNAGÔ: LETRAMENTOS RÍTMICOS E SONOROS

Apresentação

A docência compartilhada do Hiphopnagô, conduzida pelas mestrandas Cristiane Dias e Maria Teresa Loduca, em parceria com a Profa Rosana Divino (EMEF Saturnino Pereira), tinha como objetivo fortalecer os elementos musicais e de dança contemporâneos contemplando o contexto social no qual se inserem as culturas urbanas, cultivadas especialmente pela juventude afrodescendente. Tomando como referência os estilos musicais rap e funk, e a dança de rua breaking – tomando o corpo como elemento fundamental da afro-memória- procurou-se relacioná-los com a herança cultural trazida pelos africanos escravizados, uma vez que tais estilos musicais e danças populares urbanos faziam ressoar alguns ritmos oriundos da diáspora e da cultura popular, tais como o *batuque* e o *maxixe*. Neste sentido, o tambor foi o ponto de intersecção entre o ancestral e o contemporâneo trazendo à tona o sentido de humanidade aos (as) alunos (as), restituído pelo devir negro da cultura de matriz africana. O contato com o passado fez ecoar uma dor ancestral e coletiva por meio das lutas dos escravizados no Brasil, ao mesmo tempo em que se evidenciou a resistência, a música, o canto, a dança que serviram como dispositivos de elaboração psíquica - individual e coletiva - ao serem ressignificados na atualidade por meio do Hip-Hop para curar as feridas do passado e do presente.

Dado o distanciamento da cultura escolar em relação às culturas juvenis, evidenciou-se a necessidade de pesquisar novas situações didáticas, em que se priorizassem linguagens, cujas formas de expressão estética contivessem o que alguns autores chamam de *letramentos de (re) existência*, ou seja, envolvendo outras leituras de mundo, como o fazem particularmente os rappers, com sua crítica áspera e contundente em relação à sociedade brasileira excludente e racista. O breaking surgiu como uma das linguagens do Hip-Hop bastante apreciada pelos alunos (as), trazendo consigo a possibilidade de se explorar uma rica combinação entre os movimentos da capoeira, do frevo e da dança de rua, que estiveram presentes em suas origens no bairro negro do Bronx em Nova York. Esta docência mixada entre a cultura Hip-Hop e as culturas ancestrais oriundas dos povos Nagôs permitiu que se explorasse especialmente as ressonâncias do tambor nas danças e revoltas dos escravizados do passado (como na Revolta dos Malês), mas também nas rodas de capoeira, de samba, de candomblé e que ainda repercutem na memória musical e corporal dos afrodescendentes. Um aspecto que foi amplamente explorado por meio da dança breaking, como uma forma de criar novas perspectivas para o futuro da juventude negra e periférica, além de provocar tensões no currículo, de modo a contribuir para um ensino capaz de dialogar com as necessidades contemporâneas dessa juventude.

Hiphopnagô: letramentos rítmicos e sonoros

Cristiane Correia Dias[1]
Maria Teresa Loduca[2]

Introdução

Este capítulo[3] pretende sugerir atividades com base nas ações realizadas em sala de aula com os alunos (as) do oitavo ano do Fundamental II, em docência compartilhada entre a Disciplina de Língua Portuguesa, a dança breaking e a música, na EMEF Des. Saturnino Pereira, localizada na Cidade Tiradentes. A escola faz parte da Diretoria Regional de Ensino (DRE) de Guaianases.

---

1   Mestranda da FEUSP e dançarina de breaking – cultura Hip-Hop.
2   Mestranda da FEUSP e trompista.
3   A pesquisa intitulada *Hiphopnagô: letramentos rítmicos e sonoros* foi realizada em parceria com a Prof. Rosana Divino (EMEF Saturnino Pereira).

O projeto está alinhado à Lei 10.639/03, que altera as Diretrizes e Bases para a Educação Nacional conforme descrito no caput do Art. 26-A da Lei 9394/96[4] e tornou obrigatória a implementação de estudos sobre a história da África e da cultura afro-brasileira e sua incorporação no currículo a fim de que se proponham novas situações didáticas envolvendo as relações étnico-raciais, sociais e pedagógicas dentro do processo de aprendizagem. Neste sentido, levou--se em consideração os seguintes princípios das Diretrizes Nacionais para a Educação Étnico-Raciais e para o Ensino de História e Cultura Africana e Afro-Brasileira de 2004:

***

Consciência Política e Histórica da Diversidade: a proposta da pesquisa era construir uma atmosfera em que todos fossem ouvidos - professora, alunos (as) e nós, artistas e pesquisadoras – permitindo que as negociações fossem flexíveis e passíveis de mudança, rumo à construção de uma educação justa e democrática.

Fortalecimento de Identidades e de Direitos: por meio de pesquisas e relatos das histórias que nos foram negadas, foi possível tocar na dor ancestral da população negra, ao mesmo tempo, em que se promoveu uma virada criativa que possibilitou o engajamento dos alunos.

Ações Educativas de Combate ao Racismo e a Discriminação: Este princípio foi fundamental na construção do nosso projeto, pois permitiu evidenciar a valorização da oralidade, da corporeidade e da arte, ao lado da escrita e da leitura. A oralidade, o canto e a dança trouxeram questões referentes à violência e ao racismo institucionalizado, fazendo emergir a resistência do negro por meio das lutas dos escravos no período abolicionista, ao mesmo tempo em que revelou a potencialidade e força do (a) jovem negro (a) da favela por meio do

---

4 Cf anexo no final do capítulo.

Hip-Hop. Esta intersecção entre passado e presente criou um reduto de criatividade e permitiu a construção de uma consciência negra. Também foi levado em consideração os Direitos de Aprendizagem dos Ciclos Interdisciplinar e Autoral da Língua Portuguesa de 2016, ao priorizar as práticas sociais do componente curricular por meio da construção de um plano de ensino que garantia a voz de todos (as), que era reorganizado a todo momento de acordo com as necessidades socioculturais da classe e das exigências curriculares da disciplina. As atividades foram construídas a partir de práticas sociais pautadas na oralidade e nos diversos tipos de letramentos propostos pelo grupo.

Neste sentido, deixaremos como sugestão para o educador algumas atividades em sala de aula que se inter-relacionam com alguns eixos do Currículo da Cidade do Ensino Fundamental da Língua Portuguesa de 2018[5] e que possam colaborar com a produção do ciclo autoral que tem como característica:

Incentivar o papel ativo dos estudantes no currículo foi um dos eixos norteadores do trabalho a partir da pesquisa dos temas propostos e compartilhados no grupo. Temos como exemplo a apresentação do instrumento de matriz africana, o atabaque, exibido por dois alunos que tomaram a iniciativa de compartilhar essa experiência com o grupo, contando com a mediação da pesquisadora e musicista. A imagem acima refere-se ao trabalho de pesquisa sobre os gostos musicais de todos (as) os participantes: professora, pesquisadoras/arte-educadoras e alunos (as).

---

5   Embora as atividades descritas neste material tenham ocorrido no ano de 2016, por ocasião da elaboração deste caderno pedagógico, em fevereiro de 2018, foram observadas também as orientações curriculares da SME em vigor.

Culturas ancestrais e contemporâneas na escola 121

Aula expositiva: O Atabaque

Alunos tocando ritmos e experimentando potencialidades sonoras do atabaque

Aluna escrevendo a lista de preferências musicais

Fomentar a investigação, leitura e problematização, como ocorreu a propósito da palavra macumba que surgiu inicialmente de forma pejorativa, associada ao tambor, mas que, com o passar do tempo, conforme as discussões foram sendo amparadas por leituras e reforçadas com o passeio ao Museu Afro, passaram a ser associados às religiões de matriz africana, que foram amplamente discutidas e passaram a ser respeitadas por todos.

Transformar professores e estudantes em produtores de conhecimento foi também uma preocupação, uma vez que a pesquisa transformou professora, pesquisadoras e alunos (as), em pesquisadores viabilizando a construção de um trabalho conjunto e interdisciplinar. No ano letivo de 2017, a classe estava no 9º ano e a professora Rosana participou da Docência Compartilhada com o Mestre Valdenor dos Santos e juntos com outros pesquisadores e professores do projeto construímos uma apresentação de abertura para os professores da rede pública da DRE de Guaianases com teatro, *rap*, *breaking*, capoeira e poesia.

A construção interdisciplinar: linguagens estéticas e orais em diálogo com as capacidades de escrita e leitura

Com o objetivo de ressaltar a importância da leitura de mundo da população afrodescendente de modo a contemplar a diversidade e a riqueza de sua herança cultural, buscou-se oferecer aos (as) alunos (as) os diversos tipos de letramentos como prática social a fim de tornar visíveis os elementos negados da cultura negra, fazendo ressoar a ancestralidade afro-brasileira, mediante aspectos estéticos, rítmicos e musicais.

Neste sentido, as diversas linguagens trazidas pelos (as) jovens pautadas na musicalidade do samba, do *funk* e do *rap* foram fundamentais para que estimulássemos a classe a exercer um protagonismo dentro e fora da comunidade escolar que foi potencializado pelo repertório artístico das pesquisadoras. Um repertório que acionou uma pluralidade de linguagens tecnológicas, criando uma rede de compartilhamento de conhecimentos para além do espaço escolar entre professora, pesquisadoras e alunos (as), de modo que todos (as) se tornaram pesquisadores das práticas e ações desenvolvidas em sala de aula.

Hiphopnagô: axé!

O tema central da docência compartilhada foi desenvolvido por meio da apresentação do livro de João José Reis, *Rebelião Escrava no Brasil: A História do Levante dos Malês em 1835* (2003)[6], em que se evidenciaram as formas de resistência e estratégias de comunicação deste grupo de africanos que se rebelou na Bahia. Estratégias essas, que, de acordo com o autor, encontravam-se intimamente relacionadas às formas de expressão estética, representadas pela sonoridade dos tambores africanos, que atuou no contexto da revolta como um meio de comunicação poderoso, um código interno cujos segredos só os envolvidos conheciam.

A resistência cultural presente na revolta foi relacionada em sala de aula com outra forma de resistência, contemporânea: o letramento como uma prática social de "reexistência", que, em oposição ao modelo grafológico, valorizando a corporeidade dos jovens por meio das performances da dança, do ritmo, da oralidade, da escrita, com base em situações didáticas proporcionadas pela pedagogia *hip-hop*. Professora e pesquisadoras consideraram de suma importância abordar o assunto para contribuir para a decolonização do currículo. A contribuição da música e da dança para a disciplina de Língua Portuguesa se deu justamente por meio da reinvenção deste corpo, ao trazer a escuta, a oralidade e a escrita, com uma abordagem que proporcionasse a ressignificação da afro-memória sob a ótica das linguagens estéticas do Hip-Hop. Um dos pontos fundamentais para o

---

6   REIS, João José. *Rebelião Escrava no Brasil:* A História do Levante dos Malês em 1835. Rio de Janeiro: Companhia das Letras, 2003.

sucesso do projeto era que, além da participação conjunta entre professora, pesquisadoras e alunos (as) no planejamento e execução das aulas, eram realizadas ainda, avaliações periódicas do trabalho.

Professora e educadoras artísticas em avaliação periódica dos trabalhos em sala

Em uma atividade em que foi priorizada a escrita, os grupos foram divididos de uma maneira que professora, pesquisadoras e alunos (as) participassem ativamente das discussões e decisões trabalhadas em conjunto. Assim, em cada subgrupo, foram eleitas as seguintes palavras: dançar, preconceito, cantar, valor, etc. Estas palavras fariam parte das linguagens artísticas e de composição de letras de *rap* que seriam posteriormente cantadas, tocadas e dançadas pelos (as) jovens, os quais, por sua vez, teriam que construir no mínimo quatro versos, ou seja, um quarteto de estrofes. Para cada um dos versos, elegeu-se um leitor. Segue um exemplo do resultado desse momento de improviso:

Numa competição onde se tem que dançar/Importante de tudo não é ganhar/Importante é participar/Para mostrar aquilo que eu consigo realizar!

Em outra atividade, propusemos a letra de *rap Antigamente Quilombo, hoje periferia*[7], em que o *rapper* Gaspar refere-se a Zumbi dos Palmares como inspirador de suas rimas, aspecto fundamental para a escolha da música, uma vez que se relacionava à história de resistência negra no Brasil. Os versos da letra foram recortados e separados, tomando o cuidado de ocultar partes da letra que poderiam identificar qual era música, já que a ideia era justamente que os (as) jovens recriassem seus próprios poemas.

O processo de desconstrução da letra de *rap* prosseguiu com cada grupo escolhendo deste fragmento de letra, quatro palavras que fossem significativas. Em seguida, um representante foi eleito para realizar a leitura das palavras selecionadas e escrevê-las no quadro negro. Todas as palavras eleitas foram escritas em tiras de papel sendo colocadas em um saco para a realização de um sorteio. Após o sorteio, as novas palavras ampliaram as possibilidades do processo criativo para a construção dos versos. As palavras escolhidas, de alguma forma, conservavam a mensagem do *rap* original, reconstruídas segundo a expressão dos (as) alunos (as).

Construção do grupo I:

    No morro vai ter Guerra com carro blindado
    No meu DNA de negro sou muito injustiçado
    Passei para deixar o recado
    SOS planeta bagunçado
    A frase dita
    Não será esquecida....

Construção do grupo II:

    Baile de favela que tem na viela
    Os policiais faz uma guerra na favela

---

7 Z'Africa Brasil. *Antigamente quilombo, hoje periferia*. 2002. CD. Faixa 4 (5min).

Os caras tão no baile e fica manipulado
Os policiais ta na brisa e já chega atirando e faz uma guerra
Com os caras lá do morro que faz a segurança na favela

Construção do grupo III:

Ae tamo no corre na favela
Tirando uma onda com a magrela
Na periferia somos oprimidos estamos sempre na guerra
Lamentos, choro, na viela...

Construção do grupo IV:

O A da alma
Mundo A vida
Alguém sem A de alma
Viva outro A de Alvo
A pessoa que caça Alvos
Viva Alvo
Alguém sem A de Alma
Vira outro A
A de Alvo
E A Alma (que) muda A Alma
Alguém sem A de alma
Viva outro A
De Alvo
A pessoa que caça Alvo
Na vida
Vira Alvo
As pessoas que modificam A cidade
Na verdade, são um bando de covarde

Aluna escreve trava língua na lousa para ser compartilhado com a classe

Neste processo, foi observado que o grupo em que estava a pesquisadora Teresa se divertia muito tentando criar uma espécie de trava-língua[8] identificado na letra da música: *É o Z Zumbi que Zumbazido Zuabido Zumbizado!* Após várias gargalhadas, quando não conseguiu falar corretamente a frase na primeira tentativa, a pesquisadora chamou a atenção da pesquisadora Cristiane para esta possibilidade proporcionada pela escuta da voz do aluno, de forma que rapidamente decidiram propor a atividade para toda a classe. A frase foi escrita na lousa e as sílabas foram trabalhadas ritmicamente. Dividimos os (as) alunos (as) em dois grupos distintos para competirem entre si e ver qual deles conseguiria pronunciar corretamente. Por fim, a professora Rosana aproveitou para desenvolver algumas modalidades linguísticas, com ênfase no aspecto fonético.

---

8 Trava-língua é uma espécie de jogo verbal, oriundo da cultura popular, que foi empregado na composição do rap *Antigamente quilombo, hoje periferia*.

Outro aspecto importante das atividades do projeto foi a contribuição para a desconfiguração da disposição espacial dos (as) alunos (as) em sala de aula (dispostos em colunas, um atrás do outro, voltados para a lousa). Nossa intenção era que pudéssemos nos reacomodar de maneira a romper com os padrões impostos pelo modelo de educação disciplinar da cultura eurocêntrica vertical e centralizada na figura do professor. Assim, as atividades foram direcionadas para a disposição em roda, que passou a ser o lugar comum para a troca de ideias, acordos e para o desenvolvimento das atividades em geral, tanto teóricos, quanto nas atividades com as linguagens artísticas.

Ao resgatar e reproduzir a dinâmica da roda na sala de aula, foi encontrado um ponto de intersecção entre o conceito de *cypher*[9] para os (as) dançarinos (as) de *breaking* e de roda para os africanos, assim discutimos as três experiências estéticas trazidas com a diáspora: a música, o canto e a dança. Estas experiências nortearam o nosso projeto e viabilizaram a criação de uma situação didática na qual os (as) alunos (as) tiveram a possibilidade de identificar algo de si no outro, ou seja, nas práticas comunitárias, buscando um caminho reflexivo para entender a si mesmos e entender o meio no qual estavam inseridos. Assim, as atividades do ano foram impulsionadas por uma espécie de pacto entre pesquisadoras, professora e jovens enfatizando a importância do respeito às preferências individuais sobre músicas, crenças religiosas e culturas.

Ao trazer o movimento para a sala de aula, pretendeu-se valorizar o poder de luta e de ressignificação da cultura, por meio de três pontos que achamos fundamentais: a comunicação, o segredo e o lúdico, pensando, a partir de um corpo rítmico e ancestral, em tocar nos

---

9 Cypher – Roda de *breaking*, um espaço sagrado para os (as) dançarinos (as), lugar onde se tem a oportunidade de apresentar a sua dança e de ser reconhecido pelos demais dançarinos (as).

temas do passado e do presente por meio da desconstrução e reflexão sobre o racismo institucionalizado.

A desconstrução do preconceito direcionado à sonoridade dos instrumentos de matriz africana, por exemplo, serviram como objetos de estudo para desmistificar o preconceito identificado pelas pesquisadoras e pela professora na voz de alguns (as) alunos (as) que genericamente chamavam de "macumba" todo som advindo destes instrumentos musicais, provocando a discussão sobre essas questões durante as atividades.

A roda como configuração preferencial em aula

Apresentação dos instrumentos de matriz africana e construção do som

O caxixi[10] é um instrumento usado no Brasil, em conjunto com o berimbau na capoeira, entre outros ritmos populares, foi apresen-

---

10 Instrumento de origem africana que consiste num cesto de palha, contendo sementes que se entrechocam quando sacudido Cf. o livro *Música africana na sala de aula: cantando, tocando e dançando nossas raízes negras*, de Lilian Rocha de Abreu Sodré. São Paulo: Duna Dueto, 2010.

tado aos (as) alunos (as), visando a observação do material que teria sido utilizado para confeccionar artesanalmente aquele caxixi.

Já o agogô[11] tem como característica básica a produção de dois sons diferentes, um agudo e um grave. Teresa enfatizou que o agogô de matriz africana era feito de castanha artesanal sendo mais um dos instrumentos de tradição africana, utilizado amplamente na música popular brasileira em escolas de samba e nas práticas musicais familiares dos afrodescendentes, como no samba de roda. No caso do agogô, a intenção foi apresentar dois tipos deste instrumento, um artesanal e outro industrializado de metal e pintado de preto. Observou-se como o agogô industrial destituía de valor histórico o instrumento musical, ao desvinculá-lo de suas origens, que remontava à tradição musical africana, bem como do trabalho artesanal envolvido em sua criação. Foi feita uma observação sobre os materiais: o agogô de castanha remetia a elementos da natureza, cuja ligação era de suma importância para os povos africanos. O timbre da madeira, por exemplo, remetia à natureza, ao aconchego, a suavidade, proporcionando um certo tipo de tranquilidade; já o instrumento de metal, apesar de apresentar a mesma estrutura na produção do som, com um som mais agudo e outro mais grave, ganhava uma nova aparência que não lembrava em nada o outro agogô artesanal, pois o timbre metálico é estridente, cortante, agressivo aos ouvidos, uma vez que sua própria potência sonora é maior devido à reverberação do metal.

O atabaque[12] foi fundamental para o trabalho realizado pelas pesquisadoras, uma vez que a batida do tambor ressoava de um modo especial nos ouvidos dos (as) alunos (as), pois remetia à musicalidade

---

11 Instrumento percussivo composto de duas a quatro campânulas de tamanhos diferentes, ligadas entre si pelos vértices. Para se tirar som deste instrumento, usa-se uma baqueta de madeira. Sodré. 2010. *Op. cit.*

12 Designação geral dos vários tipos de tambor usados nos cultos afro-brasileiros. No sentido estrito, é um instrumento de percussão que consiste em um corpo de madeira cilíndrico e afunilado, revestido, na extremi-

ancestral, também presente no *break beat*[13] da música. O break beat, elemento estético central nas batidas de rap e na dança break, constituiu-se em uma forma contemporânea de ressignificação da sonoridade ancestral dos tambores. Deste modo, o atabaque evidenciou, por meio da música e da dança, novas possibilidades estéticas de autoafirmação da identidade dos (as) jovens alunos (as) afrodescendentes.

Alunos tocam o caxixi após a apresentação

Comparando dois agogôs, o artesanal e o industrializado

---

dade mais larga, por uma pele de animal. Cf: Lopes, Nei. Enciclopédia Brasileira da Diáspora Africana. São Paulo: Selo Negro, 2004.

13 *Break beat*: tempo da batida alargado pelo DJ Kool Herc possibilitando que os (as) dançarinos (as) dançassem por mais tempo na batida da música.

Breaking: Vamos dançar!

Foram desenvolvidos alguns exercícios referentes aos fundamentos da dança breaking: o *footwork*[14] *(tree step, for step)* e o *godown*[15] intercalando o som e o silêncio vindos dos instrumentos musicais de origem africana, tocados por alguns (as) alunos (as), interrompendo a execução musical com um gesto, para explicar a toda a classe que o silêncio causava uma expectativa para o som seguinte, colocando-o em destaque. O objetivo foi também relacionar o som ao movimento e o silêncio à imobilidade, estabelecendo uma conexão corporal com o estímulo sonoro.

Passos aprendidos pela classe

O *breaking* é um dos elementos da cultura *hip hop*, seus fundamentos e variações (passos que deram origem à dança) servem de base para que o *b-boy/b-girl* desenvolva a sua dança com criatividade e construam as suas *sessions* (uma entrada) e combos (conjuntos de passos com impacto).

Nos anos de 1980, os dançarinos de *breaking* da equipe Rocksteady Crew, nos EUA, conferiram uma determinada configuração à dança e a documentaram para que os passos não se perdessem ou entrassem em desuso; desse modo, foram criadas as nomenclaturas baseadas nos seguintes fundamentos: *top rock, footwork / legwork, freeze* e *power move*, no interior dos quais foram instituídas as nomenclaturas de cada passo. Com isso, universalizaram-se os critérios de avaliações em batalhas, bem como em campeonatos mundiais. Segue abaixo a relação de passos aprendidos em sala de aula:

O **Top Rock** representa um conjunto de movimentos realizados com os pés no plano alto foram aprendidos os seguintes passos:

---

14 *Footwork:* passos feitos no plano baixo, ou seja, no solo.
15 *Drop: Go Down* são os passos transitórios, realizados para a mudança de planos.

Indian Step (passo do índio): passo clássico – original, sua execução é realizada abrindo e cruzando a perna contrária à frente do corpo, as variações permitem trabalhar a lateralidade dos (as) alunos (as).

Kickout: movimento de chutar, pisar e jogar o pé oposto para a lateral se assemelha ao Indian Step. Kickout-Swing: é uma variação do *Kickout* incluindo o movimento circular dos quadris.

Truck: (caminhão) - esse passo envolve movimentos que parecem como se estivéssemos dirigindo um caminhão enquanto se faz o movimento (*indian step*) indo de um lado para o outro dando a impressão de um pulo prolongado.

Salsa Rock: passo oriundo dos movimentos da dança de salão chamada salsa.

Go-Dow caracteriza-se pela mudança de plano, transição entre plano alto e baixo foram aprendidos os seguintes passos:

Drop: agachamento simples para mudança de plano.

Kicout: chuta-se para lateral, coloca o pé no chão e agacha.

Kicspin-High: movimento que se assemelha à rasteira alta da capoeira.

Kickspin-Low: movimento que se assemelha a uma rasteira baixa da capoeira.

Sweep: um chute no alto com uma descida brusca.

Swing: balançar os quadris de um lado para o outro até chegar ao solo, note que é diferente do *Zig-zag*.

Walk In: colocar uma das mãos no chão e se posicionar para realizar o *footwork*.

Zig-zag: descer balançando os joelhos de um lado para o outro.

Footwork / Legwork são os movimentos no solo realizado com os pés e mãos foram aprendidos os seguintes passos:

CC Long: Atualmente conhecido como 6 *step* (*six step*) é um nome que a Rock Steady Crew atribuiu a esse estilo de *footwork* que leva 6 passos para completar uma volta.

4 STEP (four step): *footwork* que leva 4 passos para completar uma volta.

3 Step Baby Swipe: Estilo de *footwork* feito em 3 passos, sendo que cada um deles é marcado de maneira forte, como um corte, uma pancada. Criado entre o fim da década de 70 e o começo da década de 80, quem mais dançou esse movimento foi Ken Swift (footwork rock steady).

Freeze:

Air Baby: É a posição do baby freeze, mas balançando sobre as mãos como numa parada de mão, com um dos cotovelos no joelho e algumas vezes em uma só mão) era chamado de "dady bear".

Baby Freeze (original): Caindo no solo de lado chutando o dedão apoiando o cotovelo na barriga.

Baby Freeze: Pressão balançando sobre as mãos no chão com uma perna no joelho da outra (às vezes feito com ambas as pernas abrindo e fechando como tesouras).

Articulações e continuidade da trajetória escolar

Apresentação e intervenção dos alunos (as) para o Fundamental I e II durante os intervalos.

A foto acima se refere à participação dos (as) alunos (as) na mostra final do projeto no ano de 2015 em parceria da linguagem estética *breaking* com a disciplina de Educação Física. A classe propôs para o evento um trabalho gráfico em forma de painel com a produção teórica e uma apresentação de dança. Os conhecimentos adquiridos foram compartilhados com os colegas da escola pelos (as) alunos (as), em um workshop após a apresentação, sob a coordenação de Cristiane. Esta classe viria a ser a mesma que fez parte da experiência de Docência Compartilhada em 2016 Hiphopnagô: letramentos rítmicos e sonoros. Deste modo, um vínculo já havia sido criado entre a pesquisadora, a linguagem da dança e a classe, sendo este um ponto importante considerado por ocasião da reunião pedagógica, que proporcionou a integração dessas duas linguagens artísticas, música e dança.

Convite para seminário sobre o projeto

II Seminário da EMEF Saturnino Pereira na Fábrica de Cultura da Cidade Tiradentes para educadores da rede da DRE de Guaianases em 2017.

A apresentação da prática das atividades ocorridas entre 2016 e 2017 foram expostas pelo grupo em que professora, pesquisador (as) e três representantes da classe puderam relatar, por meio das suas experiências, o significado do curso para eles (as). Os (a) alunos (a) deram seus depoimentos e foi emocionante, ao demonstrarem o significado da cultura *hip-hop* em suas experiências na escola. No final, grande parte dos professores em curso choraram.

Alunos, professores, coordenadores e pesquisadores ao redor do atabaque, em momento de confraternização ao final dos trabalhos na escola

Uma proposta de plano de aula da dança *breaking* para os arte-educadores (hip-hop) e professores da rede pública

Atividade 1

Roda de Apresentação para o grupo e troca de experiências, em que se deve procurar saber qual o conhecimento do grupo referente à Cultura Hip-Hop – breaking;

Atividade 2

Aquecimento ritmado: *good foot* e danças sociais
Introdução a dança *breaking*:

Top Rock: *Indian Step* (passo do índio) - passo mais conhecido, top rock original e suas variações com os pés cruzando um a frente do outro, deslocamentos rotações.

Go-Dow: *Drop* agachar, mudar o plano, *Zig-Zag Go-Down* descer balançando os joelhos juntos de um lado para o outro.

Footwork: *Hook*-movimento na qual uma perna envolve a outra na frente do tronco feito com pés e tronco em reverencia, e suas variações.

Freeze: *Baby Freeze* as mãos são usadas para o contrapeso, com o lado o mais próximo de sua cintura em um cotovelo e de um joelho no outro, trocando às vezes a colocação do pé.

Alongamento geral de todos os membros

Conteúdos:

Adaptação e integração do grupo;

Participação em atividades rítmicas e expressivas utilização as habilidades motoras básicas;

Apreciação e valorização da Cultura *Hip Hop-breaking* por meio da vivência dos conteúdos estéticos da dança.

Objetivos:

Interagir e conhecer o perfil do grupo;

Orientar os alunos sobre os conteúdos básicos a serem abordados no projeto;

Vivenciar a mudança de direções (progressões e projeções) dos níveis (baixo, médio e alto) e dos planos (altura, largura e profundidade);

Vivenciar os fundamentos teóricos e práticos da dança *breaking*.

Avaliação:

Observação na utilização do espaço, bem como a reposta às mudanças circunstanciais do (a) aluno (a);

Assimilação aos conteúdos teóricos e práticos referentes às atividades propostas, bem como a assimilação dos fundamentos da dança *breaking*.

Observação: Este plano foi realizado em uma das atividades previstas em classe, podendo ser reaproveitado pelos professores da rede. Para tanto, basta acessar o youtube e clicar em tutorial de breaking seguido de nome do passo, por exemplo: tutorial *kickout* b-boy Storm – Ver em: **https://www.youtube.com/watch?v=7SRuyFEZfAI**, acesso em 12/02/2018.

Alunos ensinam a professora Rosana a dançar Breaking

Cristiane ensina o passo Indian Step e variações do top rock

Cristiane Dias e os alunos realizam uma apresentação na Mostra Cultural
da EMEF Saturnino Pereira
Os cinegrafistas desses processos foram Toni e Daniel G.

Bibliografia

AMARAL, Monica G. T. do. *O que o rap diz e a escola contradiz:* um estudo sobre a arte de rua e a formação da juventude na periferia de São Paulo. São Paulo: Alameda Editorial, 2016.

ARTAXO, I.; MONTEIRO, G. A. *Ritmo e movimento.* Guarulhos: Phorte Editora, 2003.

CAPUTO, Stella Guedes. *Educação nos terreiros:* e como a escola se relaciona com crianças do candomblé. Rio de Janeiro: Pallas, 2012.

HILL, Marc Lamont. *Batidas, rimas e vida escolar:* pedagogia hip-hop e as políticas de identidade. Rio de Janeiro: Ed. Vozes, 2014.

NESS, Alien. *The art of Battle: understanding Judged Boy Battles*. Eastpark: Throwdown Publications, 2008.

REIS, João José. *Rebelião Escrava no Brasil:* a história do Levante dos Malês em 1835. Rio de Janeiro: Companhia das Letras, 2003.

SCHAFER, R. Murray. *A afinação do mundo:* uma exploração pioneira pela história passada e pelo atual estado do mais negligenciado aspecto do nosso ambiente: a paisagem sonora. São Paulo: Fundação Editora da Unesp, 1997.

SODRÉ, Lilian Rocha de Abreu. *Música africana na sala de aula:* cantando, tocando e dançando nossas raízes negras. São Paulo: Duna Dueto, 2010.

SOUZA, Ana Lúcia Silva. *Letramentos da reexistência:* poesia, grafite, música, dança: HIP-HOP. São Paulo: Parábola Editorial, 2011.

Websites:

Componentes Curriculares em Diálogos Interdisciplinares a Caminho da autoria -http://portal.sme.prefeitura.sp.gov.br/Colecao-Componentes-Curriculares, acesso em 10/01/2018.

Diretrizes Curriculares Nacionais para a Educação das Relações Étnico-Raciais e para o Ensino de História e Cultura Afro-Brasileira e Africana do ano de 2004, http://www.acaoeducativa.org.br/fdh/wp-content/uploads/2012/10/DCN-s-Educacao-das-Relacoes-Etnico-Raciais.pdf, acesso em 12/02/2018.

Curriculo da Cidade- Língua Portuguesa- http://portal.sme.prefeitura.sp.gov.br/Curriculo-da-Cidade, acesso em 12/02/2018.

Fundamentos da dança breaking. Disponível em <htpp://www.myspace.com/zuluherval/blog/517244309 > Acesso em nov. de 2010.

Hip Hop History. Disponível em < htpp://www.zulunation.com > Acesso em: maio/2009.

DVD

Storm Fundation – An Instructional b-boy DVD – www.stormdance.de. Duração 1h47min. zone: all zones.

Anexo: Lei 10.639/03 altera as Diretrizes e Bases para a Educação Nacional[16]

Artigo 26A da Lei nº 9.394 de 20 de Dezembro de 1996

Art. 26-A. Nos estabelecimentos de ensino fundamental e médio, oficiais e particulares, torna-se obrigatório o ensino sobre História e Cultura Afro-Brasileira. (Incluído pela Lei nº 10.639, de 9.1.2003)

§ 1o O conteúdo programático a que se refere o caput deste artigo incluirá o estudo da História da África e dos Africanos, a luta dos negros no Brasil, a cultura negra brasileira e o negro na formação da sociedade nacional, resgatando a contribuição do povo negro nas áreas social, econômica e política pertinentes à História do Brasil.(Incluído pela Lei nº 10.639, de 9.1.2003)

§ 2o Os conteúdos referentes à História e Cultura Afro-Brasileira serão ministrados no âmbito de todo o currículo escolar, em especial nas áreas de

---

16 Cf: https://www.jusbrasil.com.br/artigos/busca?q=Art.+26A+da+Lei+de+Diretrizes+e+Bases+-+Lei+9394%2F96 . Acesso em: 19/04/2018

Educação Artística e de Literatura e História Brasileiras. (Incluído pela Lei nº 10.639, de 9.1.2003)

§ 3º (VETADO) (Incluído pela Lei nº 10.639, de 9.1.2003)

Art. 26-A. Nos estabelecimentos de ensino fundamental e de ensino médio, públicos e privados, torna-se obrigatório o estudo da história e cultura afro-brasileira e indígena. (Redação dada pela Lei nº 11.645, de 2008).

§ 1º O conteúdo programático a que se refere este artigo incluirá diversos aspectos da história e da cultura que caracterizam a formação da população brasileira, a partir desses dois grupos étnicos, tais como o estudo da história da África e dos africanos, a luta dos negros e dos povos indígenas no Brasil, a cultura negra e indígena brasileira e o negro e o índio na formação da sociedade nacional, resgatando as suas contribuições nas áreas social, econômica e política, pertinentes à história do Brasil. (Redação dada pela Lei nº 11.645, de 2008).

§ 2º Os conteúdos referentes à história e cultura afro-brasileira e dos povos indígenas brasileiros serão ministrados no âmbito de todo o currículo escolar, em especial nas áreas de educação artística e de literatura e história brasileiras. (Redação dada pela Lei nº 11.645, de 2008).

4. CONVERSAS COM VERSOS: O RAP NA DISCIPLINA DE HISTÓRIA COMO MEIO DE ESTUDO AUTOBIOGRÁFICO

Apresentação

O projeto "Conversas com versos: o Rap na disciplina de história como meio de estudo biográfico" trabalhou o hip hop segundo uma perspectiva histórico-cultural e estética, buscando incentivar e estimular o engajamento social e cultural dos alunos.

A partir da experiência pessoal de Daniel Garnett como rapper e o engajamento e conhecimento em História e em Filosofia do professor Sidnei Leal, foi estabelecida uma parceria que permitiu uma reflexão sobre a construção da identidade étnica e territorial da juventude. Inspirando-se em Hill (2009),[1] a proposta desse trabalho foi dar voz aos(às) alunos(as) por meio do rap, conhecer a sua história e trabalhar outro viés da história africana, afro-americana e afro-brasileira, que dificilmente aparece nos livros didáticos, tomando a arte de rua como instrumento de afirmação étnica e social. Com o objetivo de oferecer aos(às) alunos(as) oportunidades para relacionar a história de vida individual, por meio da autobiografia, e a história coletiva, procurou-se estimulá-los a pesquisar os elos entre sua vida e a ancestralidade africana. E, assim, contribuir para a construção da identidade étnica.

Seria importante observar que a experiência de Daniel com composição de rap e em batalhas de rima, conferiu às aulas outra dinâmica, bastante inovadora e bem aceita pelo professor, o que facilitou a criatividade poética entre os(as) alunos (as), permitindo que estes elaborassem sua autobiografia por meio da poesia. E isso foi feito escutando música, batucando, dançando e, simultaneamente, compondo. Houve momentos do trabalho feito com o Prof. Sidnei, onde esta musicalidade e expressão corpórea dos(as) alunos(as) aconteciam com tamanha espontaneidade em combinação com a escrita, que acabou delineando uma didática de novo tipo, capaz de romper com os cânones de um ensino cartesiano e claramente abstraído da

---

1 HILL, M. L. *Batidas, rimas e vida escolar:* pedagogia hip hop e as políticas de identidade. Rio de Janeiro: Vozes, 2009.

musicalidade corpórea, tão presente e apreciada pelas culturas de matriz africana.

Conversas com versos: o *rap* na disciplina de história como meio de estudo autobiográfico

Daniel Bidia Olmedo Tejera[2]

O projeto "Conversas com versos: o Rap na disciplina de história como meio de estudo biográfico"[3] trabalhou o Hip-Hop segundo uma perspectiva histórico-cultural e estética, buscando incentivar e estimular o engajamento social, cultural e o aperfeiçoamento dos alunos.

Com base em minha experiência pessoal com o rap, como pesquisador e artista, e no conhecimento em História e em Filosofia do professor Sidnei, que se demonstrou bastante engajado na docência compartilhada, foi estabelecida uma parceria que permitiu uma reflexão sobre a construção da identidade étnica e territorial da juventude presente na disciplina. Inspirando-nos em Hill (2009), a proposta desse trabalho foi dar voz aos alunos por meio do rap, conhecer a sua história e trazer à tona outro viés da história africana, afro-americana e afro-brasileira que dificilmente aparecem nos livros, tomando a arte de rua como instrumento de afirmação étnica e social, guiados pela intenção de oferecer aos alunos oportunidades para que atuem como pesquisadores de uma história que faz parte de sua ancestralidade. E, assim, contribuir diretamente para a construção da identidade étnica e territorial.

Nesse sentido, consideramos importante a compreensão da cultura Hip-Hop, com atenção especial ao seu seguimento musical, o *rap*. Surgido na década de 1970, num contexto de desemprego, crise de industrialização e aumento da violência, o *hip hop* emerge da reurbanização avassaladora em Nova York para as comunidades negras do

---

2 Pesquisador FEUSP e rapper, Bolsista TTIII FAPESP.
3 Docência Compartilhada com o Prof. Sidnei Gomes Leal da EMEF Roberto Mange.

Bronx, e foi criado por jovens negros e imigrantes caribenhos, como uma forma de expressão cultural (SILVA, 1999).

A fim de transformar a violência das gangues em disputas salutares, estes jovens passaram a organizar festas, objetivando converter as "rixas" em duelos que envolviam expressões artísticas, envolvendo quatro elementos: *MC (rima), DJ (música), Break (dança)* e *Grafite (artes plásticas)*. A fusão entre o *MC* e o *DJ* originou o *rap – Rythm and Poetry –* traduzido como Ritmo e Poesia (SOUZA e NISTA-PICCOLO, 2006). O *rap* é uma manifestação da linguagem falada, incorporada a uma melodia trabalhada numa base rítmica repetitiva. Traz crônicas dos habitantes de um determinado grupo social situado à margem (ROSA, 2004). No Brasil, o *hip hop* emerge na década de 1980, na capital paulista, como uma forma de reação dos jovens periféricos – a maioria não brancos – a tensões sociais, sofridas diariamente pelas profundas desigualdades que as atravessam. Tal vínculo se torna efetivo a partir do momento em que estes jovens, como resposta ao descaso das autoridades, passam a aprimorar seu discurso, trazendo à tona as mazelas sociais e questões relativas a conflitos raciais, questionando a ordem social e propondo uma nova perspectiva de sociedade (SANTOS, 2011).

A ideia de recorrer ao rap, como uma forma de construção poética contemporânea, foi desenvolver a sensibilidade e a expressividade estética e social entre os alunos. Para tanto, realizamos atividades variadas, como: produção textual, análise de letras musicais, apresentação e exposição de trabalhos em formato artístico. Promoveram, ainda, debates sobre a representatividade e história de Zumbi dos Palmares, a abolição da escravatura, o estudo de músicas de rap que abordam o racismo e até mesmo a leitura de contos e lendas que traziam de uma maneira implícita ou explícita as questões étnico-raciais, que serviram de base para que os alunos produzissem seus textos em forma de versos e estrofes, além de apresentarem seus trabalhos para a classe.

Tal proposta foi desenvolvida durante dois anos (2016/2017), semanalmente, com três turmas da 6ª e 7ª séries do ensino fundamental da EMEF Roberto Mange. No primeiro semestre, foram trabalhados contos, lendas e mitologia; no segundo, a história afro-brasileira; no terceiro, a história do hip-hop e no quarto, cada aluno produziu o seu rap autobiográfico, buscando correlacionar o conteúdo anterior à sua própria história de vida.

Neste sentido, o professor Sidnei e eu conseguimos obter avanços consideráveis com as classes. Jovens que até então não demonstravam interesse ou se comportavam de maneira apática, passaram a assumir uma postura mais protagonista e proativa, questionando, opinando e até produzindo. A produção de texto em forma de rap foi a principal maneira de dar respostas criativas aos temas abordados nas aulas, contando com a apresentação dos trabalhos em forma de recital, sarau, batalha, que foi fundamental para os alunos trabalharem a comunicação e a autoestima.

Daniel Bidia Olmedo Tejera

Mestre em Ciências da Motricidade
(Unesp)
Pesquisador FEUSP/FAPESP
Mc/Rapper

Sidnei Gomes Leal

Licenciado em História
(FFLCH - USP)
Graduado em Filosofia
(FFLCH - USP)
Professor da Rede Municipal | SP

Apresentação: identificando as rimas e ritmo

Objetivo: Estreitar os laços com os alunos, apresentar a proposta e introduzir os conceitos básicos do *rap*

Na primeira atividade, seria interessante introduzir questões estéticas do *rap* de um modo didático, lúdico e prático. No primeiro semestre, pode-se trabalhar com uma literatura infanto-juvenil ou uma temática específica. A partir do segundo semestre, é interessante trabalhar figuras da história afro-brasileira, finalizando com uma autobiografia. Como a última atividade será a apresentação de um *rap* autobiográfico, seria importante, antes de trabalhar com qualquer literatura ou temática, já fazer a iniciação ao gênero musical, utilizando a própria história e conhecimento dos alunos por dois motivos: é uma maneira didática para incorporar a noção de ritmo e rima, e possibilita que, no último dia de docência, seja feita uma comparação entre o olhar dos discentes para a própria vida, antes e depois do processo, sendo possível avaliar também o quanto os alunos conseguiram incorporar o conteúdo da docência, vendo-se como indivíduos críticos, criativos e participativos da história.

Como fazer?

1) Quebra-gelo: o professor (a) pode logo no início, cantar uma música ou recitar uma poesia, autoral ou não. Para aqueles que têm menos experiência, uma boa opção é a paródia[4].

2) Introdução ao *rap*: antes de explicar teorias sobre a música ou o movimento *hip hop*, conduza a seguinte dinâmica para trabalhar com o "ritmo":

a) Peça de maneira organizada, para que os alunos digam palavras que tenham a ver com a disciplina em questão, depois que tiver

---

4   Modalidade de intertextualidade que consiste em utilizar a estrutura (ritmo, melodia e harmonia) de uma música já existente, alterando apenas o conteúdo, ou seja a letra. Para o tipo de atividade aqui proposta, vale ressaltar que quanto mais a música parodiada tiver relação com o universo cultural do aluno, melhor.

uma lista razoável, instigue-os a dizer palavras que eles julgam rimar com as que já foram postas na lousa. Para conferir maior fluência à atividade, é aconselhável não usar critérios tão fechados para se definir rima, nem introduzir muitos elementos da parte histórica e teórica do *rap* e *hip hop*. Entraremos nesses detalhes mais adiante. Exemplo de lista de palavras:

Critério – Mistério | História – Memória | Febril – Doentio

b) Divida a turma em dois grupos, sem tirar ninguém do lugar (Ex: meninos e meninas ou números pares e números ímpares). Para dividir da segunda forma, basta contar o número de alunos apontado para cada discente pedindo para que eles guardem que número são, e na sequência comunicar-lhes que os que têm número par pertencem a um grupo e os que têm número ímpar, a outro.

c) Feita a divisão dos grupos, todos irão contar até 4, sendo que um grupo só conta os números pares e o outro grupo só os ímpares, a contagem deve se reiniciar de maneira cíclica e ritmada, exemplo: 1,2,3,4, 1,2,3,4, 1,2,3,4, 1,2,3,4, 1,2,3,4, 1,2,3,4, e assim sucessivamente. Cada número representa uma batida, a cada 4 batidas (ou 4 semínimas) temos um compasso, cada compasso tem espaço para um verso[5] cantado ou falado. Aqui temos uma marcação de tempo quaternária, que é o formato do *rap* em geral.

Exemplo de compasso musical:

O numerador desta fração está dizendo que cabem 4 figuras em um compasso, e o denominador está dizendo que a figura é a semínima, portanto, a fração 4/4 informa que cabem 4 semínimas em um compasso. [6]

d) Após ter executado essa ambientação rítmica com os alunos, os números ímpares na contagem serão substituídos pelo som (boom)

---

5   **O que é verso**. Disponível em: <https://www.todamateria.com.br/o-que-e-verso/>. Acesso em: 21 de março de 2018.

6   *Compasso Musical*. Disponível em: <http://www.descomplicandoamusica.com/compasso-musical/>. Acesso em: 21 de março de 2015.

e os números pares pelo som (pá). O professor, como um maestro, deve sinalizar e ritmar através de um gesto com as mãos, para que os alunos possam ter uma direção e o som sair sincronizado, agora 1,2,3,4 passará a ser (1) boom, (2) pá, (3) boom, (4) pá....

e) Agora, o último "pá" deve ser substituído por uma palavra, até que a classe passe por todas as palavras listadas. Exemplo: (1) boom, (2) pá, (3) boom, (4) critério, (1) boom, (2) pá, (3) boom, (4) mistério, (1) boom, (2) pá, (3) boom, (4) história, (1) boom, (2) pá, (3) boom, (4) memória, etc.

Como cada vocábulo tem um tamanho diferente, eles não vão começar exatamente onde começava antes o último "pá", entretanto, o importante é sentir o ritmo para terminar onde o "pá" terminaria, para isso, é necessário começar a falar a palavra antes ou de maneira mais rápida. Ambas possibilidades têm valor artístico. Durante este exercício, a divisão pode ser alterada. Ao invés de ser uma divisão de dois grupos, pode-se criar um terceiro: um grupo deverá reproduzir o "boom", outro o "pá" e o terceiro, falar a palavra, já misturando palavra, ritmo, sonoridade e musicalidade. Nesse caso, no tempo (4), enquanto um grupo fala "pá", simultaneamente, outro grupo falará a palavra da vez. Para ajudar ainda mais na incorporação do ritmo, o professor deve ritmar com palmas, estralar de dedos ou apenas gesticular, para que todos saibam a velocidade com que deverão executar a dinâmica.

Ao fim da atividade, os jovens podem já produzir uma estrofe[7] escrita.

Experiência em sala de aula:
O professor Sidnei pediu aos alunos, que conforme eu fosse me apresentando em forma de rimas, escrevessem na última folha do caderno, qualquer palavra, para que eu pudesse utilizá-las como matéria-prima para o *rap* que eu improvisaria para a classe.

---

7   **O que é estrofe?** Disponível em: <http://brasilescola.uol.com.br/o-que-e/portugues/o-que-estrofe.htm>. Acesso em: 21 de março de 2018.

Após introduzirmos uma noção prática de ritmo já discriminada anteriormente, iniciamos o processo criativo. Pedimos para que eles escrevessem quatro palavras-chave que dessem direção ao processo de criação de uma estrofe, que buscasse sintetizar a vida deles, bem como seus sonhos, metas e visões para o futuro. No momento seguinte, os alunos começaram a buscar vocábulos que rimassem com as palavras-chave por eles escolhidas. Após acharem as rimas, a próxima etapa foi produzir uma estrofe, ou seja, quatro versos. Cada verso deve rimar a palavra-chave com um vocábulo escolhido por eles. Durante a parte de produção, o professor Sidnei e eu auxiliamos aqueles com mais dificuldade. Ao final da aula, os jovens que se sentiram à vontade puderam expor suas produções. Antes deles iniciarem a produção, expusemos o que é estrofe e verso.

(Di)versificando histórias: transformando frases em versos, textos em *raps*

Objetivo: Exercitar a escrita criativa

Como fazer

1) Relembre/revise com os alunos o que foi feito na docência anterior.

2) Faça um bate-papo sobre as personagens da história que tiver sendo trabalhada, enquanto isso, anote na lousa as características físicas e psicológicas delas, colando abaixo do nome de cada personagem seus atributos, por exemplo: Emília (inteligente e pequena), Narizinho (nariz arrebitado, esperta)

3) Divida a classe pelo número de personagens e sorteie uma personagem por grupo, cada grupo deverá escrever 4 versos a respeito da sua personagem.

4) Os grupos, além de precisarem de um tempo e de auxílio dos professores para criar seus textos, precisarão de pelo menos uma aula para se organizar e ensaiar. Cabe aos docentes responsáveis, orientar e oferecer possibilidades de apresentação da obra criada. Um

grupo de 4 pessoas, que já criou sua estrofe com 4 versos, tem como possibilidade de apresentação:

a) cada aluno executa um verso;

b) dois alunos executam dois versos e dois fazem o *beatbox*[8], percussão corporal, execução de algum instrumento ou batucada na mesa;

c) um aluno executa a estrofe toda e os demais fazem a parte musical;

d) dois ou três alunos executam os versos sendo que um canta a estrofe e nos espaços que o cantor respira, os outros completam e reforçam frases previamente combinadas, os demais podem compor a parte musical.

Experiência em sala de aula:

Os sextos anos estavam, naquela ocasião, trabalhando biografia de uma maneira interdisciplinar. Desta forma, o professor Sidnei, buscando uma maneira de preservar e valorizar a infância dos adolescentes, optou por estudar junto com os alunos, a biografia de importantes escritores da literatura infantil, começando por Monteiro Lobato. O docente iniciou a aula fazendo a leitura do texto proposto sobre a vida do autor, solicitando que cada um lesse um trecho em voz alta. Após a leitura, o professor foi colocando na lousa as palavras que os discentes foram achando significativas. Dentro do quadro de palavras, ainda junto com a turma, buscamos encontrar as que já rimavam entre si, e aos poucos, criamos um "banco de rimas" para as outras palavras relevantes do texto, que não rimavam entre si. Na sequência, os alunos, individualmente, recriaram trechos do texto em forma de versos. Sem impor limites à criatividade do aluno para compor a estrofe ou para criar a performance, eles puderam criar livremente. Na folha ou cartaz que foi apresentado o texto finalizado, eles tiveram a possibilidade de inserir enfeites, desenhos, recortes e colagens, etc. **(Figura 1)**

---

8   Imitação sonora de sons percussivos e em geral eletrônicos, uma espécie de "caixa de som humana".

A fim de promover algo lúdico, na aula seguinte, fizemos a apresentação das produções em forma de batalha de *MC*`s, um jogo de palavra tradicional na cultura *hip hop*. Neste sentido, um grupo se posicionou ao lado do outro, decidindo no par ou ímpar quem começaria, cada grupo apresentou o seu trabalho e a classe "fez barulho" para o grupo com quem simpatizava mais. Numa batalha de *rap*, sempre há um vencedor, sendo a vitória determinada por aquele que tem mais grito da plateia. No caso da apresentação na escola, não é necessário definir vencedores e perdedores, apenas a votação, através da vibração da classe para simularmos o que acontece num duelo de *rappers*, é o suficiente para estimulá-los, dependendo da idade. Como no nosso caso, as estrofes foram produzidas com base nas personagens do Sítio do Pica-Pau Amarelo, a partir de figuras como a *Cuca* e o *Saci*, surgiram temas relacionados a preconceitos de aparência, padrão de beleza, racismo e deficiência física, fator que foi rico para o Prof. Sidnei e eu discutirmos em sala de aula. (**Figura 2**)

Miscigenação no Brasil

Objetivo: Provocar um debate sobre o fenômeno da miscigenação a partir do folclore *(Bumba meu boi)* e da música de *rap Serviço de Preto*.

Nesta aula será contada a lenda do *Bumba meu boi* e na sequência a audição do videoclipe *Serviço de Preto* ou outra música que traga uma reflexão crítica acerca da discussão étnico-racial, finalizando com uma discussão entre professores e alunos, sobre as possíveis relações estabelecidas entre as obras apresentadas e a história brasileira, bem como a respeito do momento atual da sociedade.

Bumba meu boi ou *Boi-bumbá* é uma dança do folclore popular brasileiro, com personagens humanos e animais fantásticos, que gira em torno de uma lenda sobre a morte e ressurreição de um boi. A festa tem ligações com diversas tradições africanas, indígenas e europeias, inclusive com festas religiosas católicas, sendo associada fortemente ao período de festas juninas.⁹ Já o videoclipe *Serviço de Preto* faz alusão ao termo pejorativo utilizado para se referir às atividades e serviços mal feitos ou de baixa qualidade. A personagem central do vídeo (re)percorre um tempo histórico, desde o tráfico de escravos, até a tentativa do afrodescendente de inserção social através do mercado de trabalho. A obra traz depoimentos reais de situações vividas por diversos profissionais negros. O documentário *Eu vou viver, eu vou vencer, vou chegar lá* conta como foi o processo de concepção da música.¹⁰

História da Lenda

No Nordeste, a história do *Bumba meu boi* foi inspirada na lenda da Mãe Catirina e do Pai Francisco (Chico). Nessa versão, eles são um casal de negros e trabalhadores de uma fazenda. Quando a esposa fica grávida, ela tem desejo de comer a língua de um boi. Empenhado em satisfazer a vontade de Catirina, Chico mata um dos bois do rebanho, no entanto, este era um dos preferidos do fazendeiro. Ao sentir falta do animal, o fazendeiro pede para que todos os empregados saiam em busca dele. Eles encontram o boi quase morto, mas com a ajuda de um curandeiro indígena ele se recupera. Noutras versões, o boi já está morto e é ressuscitado por um pajé. A lenda, dessa maneira, remete-nos ao conceito de **milagre** do catolicismo ao trazer de volta o animal, e ao mesmo tempo, tem presença de elementos indígenas e africanos assim como a cura pelo pajé ou o curandeiro e a reencarnação, além de apresentar o casal Catirina e Francisco, exercendo uma função servil imposta à população negra escravizada ou descendente

---

9   *Bumba meu boi*. Disponível em: <https://pt.wikipedia.org/wiki/Bumba_meu_boi>. Acesso em: 21 de março de 2018.

10 TEJERA, Daniel - *Eu vou viver, eu vou vencer, vou chegar lá:* a história de serviço de preto (2016). Disponível em: <https://www.youtube.com/watch?v=1I-ms8lWBbE>. Acesso em: 21 de março de 2018.

de escravizados.[11] E, claro, à mercê do receio do castigo do senhor, do qual procuram se defender por meio da magia da reencarnação.

Como fazer

1) Leve para sala de aula, algum audiovisual ou apenas áudio que conte a lenda do *Bumba meu boi*[12]. Se preferir, conte você mesmo.

2) Exiba um videoclipe de *rap* ou outro estilo musical que questiona as relações étnico-raciais no Brasil, exemplo: Serviço de Preto (Garnet & Peqnoh)[13], Eu só peço a Deus (Inquérito)[14], Boa Esperança (Emicida)[15]

3) Promova uma discussão com os alunos, estabelecendo conexões entre as duas obras e como ambas podem se relacionar com aspectos históricos e atuais da sociedade brasileira.

Pode-se pedir para que os alunos produzam algum trabalho final sobre a temática.

Experiência em sala de aula:

Sidnei começou a aula falando sobre a exploração dos bandeirantes em terras brasileiras, ele exemplificou como sendo um dos bandeirantes, o próprio Raposo Tavares, que dá nome à rodovia que fica ao lado da escola. Além dos bandeirantes, o professor falou dos jesuítas e de um terceiro elemento muito importante para a povoação

---

11 *Bumba meu boi*. Disponível em: <https://www.todamateria.com.br/bumba-meu-boi/>. Acesso em: 21 de março de 2018.

12 *A lenda do boi bumba*. Disponível em: <https://www.youtube.com/watch?v=ROxsvbhnPUg>. Acesso em 21 março de 2018.

13 Daniel Garnet & Peqnoh. *Serviço de Preto*. Piracicaba: Pegada de Gigante, 2015. Disponível em: <https://www.youtube.com/watch?v=bkvjsqv-gHo>. Acesso em 21 março de 2018.

14 Inquérito. *Eu só peço a Deus*. Campinas, Groove Arts, 2015. Disponível em: <https://www.youtube.com/watch?v=GJpvK7CjIvo>. Acesso em 21 março de 2018.

15 Emicida. *Boa Esperança*. São Paulo, Lab Fantasma, 2015. Disponível em: <https://www.youtube.com/watch?v=AauVal4ODbE>. Acesso em 21 março de 2018.

do Brasil que não foi devidamente homenageado - os bovinos. O docente explicou como as primeiras cabeças de gado veram da Europa para o Brasil. Devido a seu pouco valor econômico na época, em vista do interesse na produção de açúcar, o gado passou a se infiltrar nas regiões do interior brasileiro. Estes animais passaram então a fazer parte da cultura e, consequentemente, fizeram parte do folclore nacional. No norte (especificamente no Amazonas), no Festival Folclórico de Parintins, a figura do boi garantido confronta o boi caprichoso. Sidnei colocou no equipamento multimídia, um CD com uma narrativa descontraída da lenda. Enquanto a história foi se desenrolando, o docente através dos seus desenhos, foi fazendo a ilustração. Ao término da narrativa, o professor fez algumas perguntas sobre o enredo, utilizando elementos da história brasileira para falar da miscigenação, tese que muitas vezes é apresentada como se fosse o resultado da convivência harmônica entre personagens de origem africana, europeia e indígena. Durante a explicação, enfatizou o fato de a maioria dos brasileiros serem mestiços, por mais que esteticamente possam não parecer. Esta foi a brecha para eu apresentar aos alunos a música *Serviço de Preto*, que apresenta as tensões em torno do tema "miscigenação".

Após a audição da história do Bumba Meu Boi e da exibição do clipe, estimulamos a discussão pela perspectiva do roteiro do clipe. O professor ressaltou que o assunto em questão não tinha sua importância vinculada a uma possível avaliação para se tirar nota, mas sim, para a vida cotidiana da cada um. Neste sentido, pediu para que eu contasse um pouco sobre a ideia de ressignificar o termo "serviço de preto", utilizado para se referir a algum tipo de serviço mal feito, atribuindo a falta de qualidade do serviço como algo inerente à cultura negra.

A título de ressignificação do termo através da música, referimo-nos ao trabalho escravo que construiu boa parte da Nação, mas que se depara com um mercado de trabalho ainda hoje *racista, machista, classista e excludente*. Aproveitei para falar sobre a diferença do termo "escravo" e "escravizado": o primeiro soa como se a escravidão fosse algo naturalizado e inato, já o segundo, remete a escravidão a algo imposto de um grupo de seres humanos a outros.

Ainda discutindo sobre o impacto do regime escravagista no nosso país, Sidnei fez uma intervenção pontual, remetendo a história do *Bumba meu boi*, cujos cuidados prestados ao gado vinham dos escravizados, entretanto, quem podia se beneficiar dos animais eram apenas os brancos. Após a intervenção, retomou-se a pauta do mercado de trabalho para os afrodescendentes, seguindo pelo viés do clipe, que inicia com o depoimento de negros relatando situações de preconceito sofridas nos espaços de trabalho e termina com cada um deles revelando suas profissões, raramente ocupadas por negros, como médico, dentista, maestro, etc.

Terminada a análise da letra, falamos sobre as impressões midiáticas que os grandes veículos de comunicação transmitem sobre o "suposto" lugar do negro na sociedade. Dois alunos de sextas séries diferentes fizeram uma observação muito interessante: eles disseram que já viram policiais fazendo discriminação racial até na hora de algemar, alegando que já observaram brancos serem algemados com os braços na frente e negros serem algemados com o braço para trás. Foi um momento oportuno para o docente comentar sobre um teste social feito em vídeo[16], em que colocaram dois homens com os mesmos trajes diante de uma mesma situação – como se eles tivessem esquecido a chave do próprio carro dentro do veículo – e é notável a diferença de tratamento do branco e do negro, quando as pessoas visualizam cada um deles tentando recuperar a chave.

Perguntei para os alunos, se as características fenotípicas como a cor/gênero podem influenciar a quantidade e a qualidade de acesso a oportunidades. Para ajudá-los a entender, pedi para que eles visualizassem quantas pessoas negras eles já viram trabalhando em su-

---

16 *Pegadinha Teste Social – Racismo.* Disponível em: https://www.youtube.com/watch?v=AQZPrpfKOkQ. Acesso em: 21 de março de 2018.

bempregos e quantos negros eles já viram trabalhando como médico, muitos nunca haviam visto nenhum médio negro. Foi quando lhes relatei um pouco sobre a história de vida do médico, da dentista e do maestro que participaram do clipe, todos afrodescendentes. Reforcei para eles, que assim como a tv tem o poder de reforçar ideias que podem deturpar a imagem de um determinado grupo social ou fato histórico e político, no videoclipe assistido, a intenção foi reforçar os exemplos positivos de profissionais negros que não são apresentados nos filmes e novelas.

Princesa Isabel e Zumbi dos Palmares: 13 de maio ou 20 de novembro?

Objetivo: Elucidar as diferenças entre a comemoração da abolição e a exaltação da consciência negra pela comunidade afrodescendente

Como fazer?

Após uma introdução aos assuntos históricos e sociais relativos à data, promova um debate com os alunos.

Se quiser, escolha uma música para complementar a temática.

Experiência em sala de aula:

O professor Sidnei iniciou a aula colocando na lousa, a história de Zumbi dos Palmares e da princesa Isabel. Após os alunos terminarem de copiar, o professor explicou o que é quilombo[17] e apresentou a seguinte situação aos alunos:

- Se você fosse escravo, trabalhasse de graça, apanhasse e se alimentasse mal, tentaria fugir e correr o risco de não ter onde comer e dormir, ou continuaria submetido à escravidão para garantir alojamento e refeição?

---

17 No início, chamava-se quilombo todas as comunidades de resistência formada por escravos fugidos das fazendas. Mesmo após a queda do regime escravocrata, ainda existem nos dias de hoje as chamadas comunidades quilombolas, que são habitadas por descendentes de negros escravizados.

Quase que de maneira unânime, a maioria dos alunos respondeu que tentaria fugir. A partir da resposta, o professor iniciou uma fala expositiva sobre a história de Palmares e a importância do dia 20 de novembro – dia do falecimento de Zumbi – como data comemorativa da celebração do orgulho e da consciência negra. Na sequência, foi contada a história da princesa Isabel e as circunstâncias em que ela assinou a Lei Áurea, ressaltando, a falta de política de inserção dos ex--escravizados na sociedade, sem contar a pressão que a luta do negro por sua libertação já estava exercendo socialmente.

A partir do rap *A regra é clara*, foi feito um paralelo com a temática do dia 13 de maio – princesa Isabel e 20 de novembro – Zumbi dos Palmares – para ampliar a discussão. Ao final da aula, com ajuda dos alunos dando ritmo com a palma da mão, cantei a música.

A regra é clara: "A regra é clara pra quem tem a pele escura"[18]

Revendo o significado e o sentido da docência compartilhada para os alunos

Objetivo: Averiguar como as aulas compartilhadas tem incidido nos alunos(as)

O professor deverá entrevistar os alunos por grupos de 3 a 5 alunos por vez, considerando que essa quantidade estimula-os a falar mais do que individualmente e a não ficar tão eufóricos como quando estão com a classe inteira. É importante que outro profissional possa ficar com a classe enquanto um grupo é entrevistado.

Experiência em sala de aula:

Na entrevista, buscamos conhecer a percepção deles sobre temas como *rap* e a questão negra no Brasil antes e depois da docência compartilhada.

---

18 Daniel Garnet & Peqnoh. *A regra é clara*. Piracicaba: Pegada de Gigante, 2015. Disponível em: <https://www.youtube.com/watch?v=AHxaYJguENo>. Acesso em 21 março de 2018.

O aluno "H" disse que, em sua opinião, o *rap* trazia cultura para a sala de aula. Segundo ele, embora ele já conhecesse o gênero musical, nunca tinha se imaginado autor de um rap, e que ele, após as aulas, disse ter uma visão mais crítica sobre o estilo musical, principalmente no que se refere ao modo de construir as letras. Para ele, entre os temas possíveis a serem tratados em uma letra de *rap*, seria, por exemplo, discutir, por meio de versos e rimas, como melhorar o ambiente escolar. Antes da docência compartilhada, na opinião do aluno, o *rap* era basicamente um relato do cotidiano, ele usou como exemplo o grupo Racionais *MC's*. "H" afirma entender o *rap* atualmente como um estilo musical repleto de cultura e conteúdos diversos, construído dentro de uma estrutura musical. O aluno concluiu afirmando que o que mais aprendeu com o *rap* na escola foi "buscar a evolução e o aprimoramento do conhecimento".

Outro aluno que tomava os Racionais como referência foi o "G", que se declarou um admirador das músicas desse grupo de rappers, conhecidos pelas crônicas contundentes sobre a vida do jovem negro na periferia de São Paulo. Mesmo sendo muito fã do quarteto composto por Mano Brown, Edi Rock, Ice Blue e Kl Jay, o aluno afirmou que embora seja muito bom ouvir um *rap* dos Racionais, era ainda muito melhor fazer a sua própria rima. Quando lhe foi perguntado qual a diferença entre ouvir um *rap* pronto e fazer o próprio, ele afirmou que ao construir a letra, era possível vivenciar a liberdade de um modo mais pleno. Na sua visão, entre os temas mais relevantes para se construir uma música autoral, seriam questões d egrande comoção relacionadas à situação do continente africano, bem como a exaltação da cultura negra. Na sua opinião, existem mais *MC`s* preocupados com sua popularidade do que em trabalhar conteúdos importantes para a sociedade, que resultam em um arsenal de rimas produzidas de maneira vazia.

No caso de "H", é possível notar o início de um processo de construção de uma consciência emancipatória, quando ele relata que antes enxergava a música como algo "pronto", concebido por um "*MC*" cuja função era a de fazer *rap*. Ao longo da docência, ele passou a ver as rimas como um instrumento cujo processo de construção estava ao seu alcance e de qualquer um que se dispusesse a criar uma letra com base em suas vivências e conhecimentos. No caso de "G" não foi diferente, quando afirmou que embora apreciasse os *Racionais*, preferia construir os próprios versos e desse modo, usufruir da liberdade que isso lhe proporcionava. Foi interessante observar sua preocupação com o conteúdo dos *raps*, que em sua maioria estavam mais preocupados com uma construção estética do que abordar um assunto relevante. O aluno não só apresentou uma visão crítica, como também sugeriu temas a serem abordadas, sempre buscando "jogar luz" em problemas que atingiam os grupos desfavorecidos historicamente.

"L" afirmou que antes da docência compartilhada, acreditava que o *rap* era algo essencialmente masculino, entretanto, agora via o estilo musical como algo mais democrático, que todas as pessoas, independente de gênero ou algo do tipo, podiam não só ouvir e apreciar, como também, protagonizar, compondo, cantando.

A incidência da questão de gênero nas relações sociais são, muitas vezes, evidenciadas por meio das atividades que as pessoas escolhem para participar quando estas não se encontram no âmbito das obrigações. Neste sentido, o *rap* enquanto gênero musical do movimento *hip hop*, foi por muito tempo "dominado" por figuras masculinas. As poucas mulheres que desempenhavam o papel de *MC* acabavam reproduzindo características masculinas na voz e nos gestos corporais, talvez como uma forma de buscar aceitação em um meio tão masculinizado. Embora na atualidade estejam surgindo cada vez mais meninas e mulheres *MC*'s que não sentem a necessidade de se assemelhar à figura masculina, esta condição ainda é forte no imaginário social. Poder desmitificar tal fenômeno através da presença do *rap* na escola pode ser uma abertura para a ampliação de diversos debates historicamente distorcidos, seja sobre o machismo, o racismo, seja o preconceito de classe social ou qualquer outra modalidade. Embora na maior parte do semestre um grande número de alunos tenham parecido dispersos, a partir da entrevista foi possível identificar transformações, ainda que lentas, porém, significativas. Quando o professor Sidnei relatou suas impressões sobre nossa experiência de docência compartilhada, declarou que foi uma oportunidade que se abriu aos alunos menos participativos de se engajarem e mostrarem habilidades, nem sempre exploradas pelos métodos tradicionais de ensino. Neste sentido, ele mencionou que foi uma oportunidade de revisitar e questionar a metodologia, não como algo antiquado que deve ser modificado, mas que ao menos, possa dividir espaço com outras metodologias.

Segundo ano de Projeto

Revisando o conteúdo do semestre anterior

Objetivo: Fazer uma revisão do conteúdo do semestre anterior, criando um ponto de partida para os próximos conteúdos

Ao retornar às aulas no 2º semestre letivo, é possível fazer uma dinâmica de revisão do conteúdo.

Como fazer?

Peça para que os alunos, organizadamente, digam palavras-chave que remetam ao aprendizado na docência compartilhada.

Peça para que eles imaginem que cada palavra é um arquivo e precisaremos de 2 a 4 pastas diferentes para armazenar os arquivos por categoria.

A partir das categorias criadas, solicite aos alunos, individualmente ou em grupo, que produzam estrofes sobre a aula com base nestas categorias.

Experiência em sala de aula:

Na primeira aula compartilhada da turma após a volta das férias, realizamos uma revisão do conteúdo do ano anterior, com o objetivo de revisitar o aprendizado com os jovens, bem como situar os alunos novos em relação aos propósitos do projeto. Pedi para que cada um dissesse aleatoriamente, porém, de maneira organizada, palavras-chave relacionadas ao conteúdo trabalhado no ano anterior. Apresento, em seguida, as palavras que surgiram: racismo, construção, escravidão, preconceito, letra, batalha, discriminação, vídeo, coletividade, Sítio do Pica-Pau Amarelo, batida, criatividade, ritmo e som.

Após concluirmos o quadro de palavras, eu disse a eles que iríamos imaginar que cada uma delas representaria um arquivo de computador e que iríamos criar pastas para os arquivos de acordos com os seus tipos, começando por inserir na frente de duas palavras que tivessem relação, a letra **A**, colocando **A** posteriormente em todas as outras que também tivessem relação com as duas já selecionadas, depois colocando **B** e **C** sucessivamente, de acordo com o número de "pastas" ou categorias que fossem surgindo, respeitando o mínimo de 2 e o máximo de 5 categorias/pastas:

A: Letra, batalha, batida, construção, ritmo, som, criatividade, vídeo.

B: Escravidão, discriminação, racismo, preconceito.

C: Sítio do Pica-Pau Amarelo, mitologia

Após dividir as palavras em três grandes grupos, fizemos um *"brainstorm"* com os alunos até chegarmos a um nome para cada "pasta" de palavras, efetuando assim, o que conhecemos no mundo da pesquisa como categorização.

Categorias surgidas através das palavras: **A) Produção de rap B) Preconceito C) Narrativa**

Pormeio desta dinâmica, categorizamos de maneira lúdica, os principais assuntos trabalhados no ano anterior:

Produção de *rap*: letra, batalha, batida, construção, ritmo, som, criatividade, vídeo.

Preconceito: escravidão, discriminação, racismo, preconceito.

Narrativa: Sítio do Pica-Pau Amarelo, mitologia

A partir desta categorização, definimos a nossa meta para o ano: trabalhar assuntos relacionados ao preconceito racial e através da nossa narrativa, organizar nosso pensamento, conhecimento e opinião por meio da produção de *raps*. Em relação à narrativa e à produção das letras, demos início ao estudo de ferramentas que nos ajudaram a tornar a nossa construção poética e musical mais elaborada, com o objetivo de ter como resultado final, músicas produzidas com conteúdo e formato artístico, finalizando o projeto com alunos criando rimas que utilizaram a disciplina de história como base, partindo da história pessoal e, desse modo, realizando a autobiografia de cada um. As técnicas que estudamos para implementar a produção do *rap* estão presentes na obra *How to rap*, de Paul Edwards (2013).

Reconstruindo as raízes: raps sobre a negritude

Objetivo: Estimular os alunos a recriar *raps* que discorram sobre a questão racial.

Como fazer?

Em grupos de até 3 alunos, cada trio/dupla deve ao longo da semana, ouvir as músicas disponíveis em uma matéria realizada no blog *Noticiário Periférico*, portal de notícias do *hip hop* brasileiro de muita relevância na cena nacional, um dos poucos que busca manter em sua produção de conteúdo, discussões relativas à questão racial. A matéria *20 raps que são hino à negritude*[19] traz sons dos anos 80 até a década de 2010, com músicas, dos Racionais MC's, MV Bill, Thaíde e *DJ* Hum, Rappin Hood, Z´África Brasil, Inquérito, Public Enemy, Daniel Garnet & Peqnoh, entre outros.

Após ouvir as músicas, cada grupo deve escolher uma música e recriá-la, em pelo menos quatro versos, utilizando o aprendizado

---

19 HEBREU, Anderson. *20 Raps que são hinos à negritude*. Disponível em: <http://www.noticiario-periferico.com/2013/11/20-*rap*-que-sao-hinos--negritude.html>. Acesso em: 21 de março de 2018.

adquirido ao longo do projeto, além de responder à seguinte pergunta em relação à música escolhida: - Por que eu escolhi esta música?

Experiência em sala de aula:

Recriar uma das músicas do blog, como exemplo, ajudou os alunos a ter uma visão das possibilidades de realização da atividade. Uma das maneiras de reconstruir uma letra é separando as palavras-chave da música a ser modificada, bem como buscar sinônimos e palavras relacionadas ao tema central da canção. Esta é uma ocasião oportuna para relembrar algumas técnicas que foram utilizadas na composição de alguns *raps* no ano anterior, bem como adicionar técnicas novas. Poderíamos, por exemplo, relembrar o conceito de rima, já que foi uma dificuldade recorrente na docência compartilhada nas primeira semanas.

Após relembrar com eles o que é *verso* e *estrofe*, definimos o conceito de *rima*, pois até então, havíamos trabalhado o aspecto específico da rima de uma maneira mais espontânea e intuitiva, sem se aprofundar em detalhes técnicos ou conceituais. Definindo então a rima como repetição de sons parecidos ao final de dois versos ou mais, foi estabelecido um bate-papo sobre a importância da sílaba mais forte (tônica), bem como a importância da última e penúltima sílaba a palavra como determinante do efeito da rima, abordando a diferença entre *rima consoante* e *rima assonante*, conceito presente no livro *How to rap*:

Classificação quanto à fonética

Rima perfeita ou **consoante**: em que há correspondência total de sons, havendo repetição tanto dos sons vocálicos como dos sons consonantais. Tanto as últimas vogais quanto as últimas consoantes são idênticas.

fal**ado**/cant**ado**|pre**sente**/au**sente**|particulari**dade**/dificul**dade**
Rima imperfeita, toante ou **assonante**: Em que há apenas a repetição

dos sons vocálicos. Apenas as últimas vogais são idênticas, sendo as consoantes diferentes.

boca/moça | pálida/lágrima | plátano/cálamo

Na aula seguinte, os adolescentes deverão trazer seus trabalhos prontos, ou seja, as letras deles refeitas a partir de uma escolha no site *Noticiário Periférico*. Cada professor(a) pode escolher a sua lista ou mesmo, montá-la de acordo com os assuntos pautados no planejamento da aula.

Reconstruindo as raízes (apresentação)

Objetivo: Estimular os alunos a expor suas criações de uma maneira crítica e criativa

Nessa atividade, os alunos que tiverem feito a reconstrução do *rap*, devem apresentar para a classe. Antes disso, eles podem fazer um último ensaio. Caso haja alunos que não tenham feito a atividade proposta, estes ao invés de reconstruir um *rap* da lista, podem construir do zero a partir das palavras-chave elaboradas na primeira aula do semestre. Enquanto isso, o(s) professor(res) deverão circular para tirar as dúvidas dos alunos.

Com a letra pronta, os alunos devem trabalhar durante o ensaio questões como ritmo, métrica, melodia e conteúdo artístico, ou seja, elementos estéticos relacionados à forma.

Experiência na sala de aula:

Mesmo os grupos mais preparados resistiram muito para começar. O professor Sidnei, sempre muito participativo, propôs-se a apoiar todos os grupos durante a apresentação, apresentando junto. A aluna "L", que já havia dado um depoimento em vídeo no início do semestre passado, relatando quão difícil era se expor e ao mesmo tempo, como era bom conseguir vencer os próprios medos ao se expor. Naquele momento, parecia reviver o seu relato. Ao mesmo tempo que demonstrava estar apreensiva, ficou claro que não se tratava de um medo paralisante, pelo contrário, o medo de se expor publicamente a movia para se lançar a fim de superar a própria dificuldade.

Após a apresentação dos grupos que vieram com o texto pronto de casa, alguns alunos que produziram o *rap* naquele mesmo dia, mesmo sem estarem tão seguros e preparados, começaram a se apresentar. Infelizmente, nem todos conseguiram terminar, entretanto, conversando sobre a experiência do dia com o professor, ele relatou que muitos daqueles alunos, além de ser praticamente a primeira vez que estavam produzindo algo até o final, a questão de se expor para a turma foi um avanço muito positivo e relevante, já que alguns deles tinham dificuldades até de se relacionar com os colegas de classe nos momentos mais informais. Os alunos mais tímidos foram muito aplaudidos pelos companheiros de classe, como uma forma da turma reconhecer o esforço deles em ir lá na frente e superar a própria timidez.

Exposição do tema do documentário "Eva Mitocondrial"

Objetivo: Oferecer novos estímulos para que os alunos comecem a contar suas próprias histórias, relacionando-as ao conteúdo da docência compartilhada

Como a proposta de escrever a autobiografia em forma de *rap* mantém íntima relação com a origem de cada indivíduo, é interessante falar sobre a origem da humanidade, e para tal é possível utilizar o documentário "Eva Mitocondrial"[20], filme que trabalha com base na teoria de que a humanidade toda possivelmente descende de uma única mulher nascida no continente africano. Estudos recentes revelaram a existência de uma possível "Eva", ou seja, uma mulher africana que supostamente teria dado origem a toda a humanidade. Os cientistas afirmam que a mitocôndria teria sido uma bactéria que se tornou um parasita obrigatório de células eucarióticas, como as nos-

---

20 *Eva Mitocondrial.* Disponível em: <http://fecientifica.blogspot.com.br/2010/05/eva-mitocondrial.html>. Acesso em: 21 de março de 2018.

sas. Mas não é este o aspecto fundamental. Toda a teoria, na verdade, baseia-se no fato de que o DNA mitocondrial é exclusividade materna, transmitido sempre através das mães, que passam esse material genético aos seus filhos e filhas – as quais, novamente transmitem-no aos seus descendentes. E a partir daí é possível criar uma enorme "árvore genealógica". Estima-se que esta mulher deva ter vivido há cerca de 200.000 anos. Deduz-se daí que todos os indivíduos poderiam ser considerados descendentes de uma mãe comum africana, de acordo com esse mito/realidade fundador.

Experiência em sala de aula:

Uma das questões apresentadas por um aluno durante esta docência foi: como se pode ter certeza de que o primeiro ser humano do mundo nasceu onde foi dito?

Respondemos a ele e à classe que a idade e a localidade do primeiro ser humano foi estabelecida com base nos fósseis encontrados e estudados, afirmando para eles que a história poderia ser reescrita caso fosse encontrado um fóssil mais antigo em outro local do mundo.

Quando mencionamos o fóssil, alguns alunos disseram que foi através deles que se evidenciou a existência dos dinossauros. Concordamos e acrescentamos que estas criaturas existiram há mais de 62 milhões de anos atrás. Neste momento, perguntaram como isso poderia ser possível se tínhamos apenas 2017 anos. Ao que respondemos que esta marcação temporal referia-se ao nascimento de Cristo segundo o Cristianismo.

Retomando a história contada no documentário em questão, a teoria diz que o primeiro ser humano nasceu na África e ao longo de centena de milhares de anos foi mudando aspectos de pele, olho e cabelo de acordo com a região para a qual migrava. Esta ocupação global ocorreu em diferentes épocas, conforme apontado na figura 3.

Para ficar mais claro a questão temporal, desenhamos uma linha do tempo começando no período jurássico indo até os primeiros humanos, a partir dos quais se delimitou a pré-história da história.

Um aluno perguntou onde Adão e Eva aparecem na linha do tempo, outros alunos aproveitaram para perguntar quase que de uma maneira afirmativa, se Adão e Eva foram os primeiros seres humanos da Terra. Sidnei tomou à frente e explicou que existe uma versão científica e uma versão religiosa, ele explicou ainda que na versão religiosa existem mitos (assim como os que estudamos no ano anterior) misturados a acontecimentos históricos para explicar assuntos da fé humana. Sidnei afirmou ser cristão e ao mesmo tempo ter sua visão de professor historiador, dizendo que acredita no fenômeno religioso e ao mesmo tempo entende que existam diversos simbolismos para explicar fenômenos ocorridos ao longo da história. Ele ainda apontou que é importante ter fé mas não podemos deixar de ter o senso crítico, e que cada povo dentro da sua fé, tem uma crença sobre a origem do mundo, entretanto, não devemos levar nada de uma maneira tão literal. Uma aluna demonstrou muita resistência ao conteúdo da docência, pelo fato de as teses apresentadas contrariarem o que ela entendia por fé religiosa.

Ao fim deste assunto, encerramos deixando claro que no surgimento do mundo, o pastor, o professor, os pais ou o pajé não estavam presentes, daí a importância de se questionar a propósito das verdades e das versões apresentadas pelas autoridades (inclusive nós), sempre com respeito. Um outro aluno tomou a palavra neste momento e sintetizou a aula do dia da seguinte maneira: diferentes culturas contam diferentes histórias. Concordamos e complementamos dizendo que até dentro da mesma cultura, duas pessoas podem contar a mesma história com recortes diferentes, por isso temos que ser críticos em relação a assuntos diversos e às figuras de autoridade que nos rodeiam (pais, pastores, professores, patrões).

Trabalhando a questão indígena

Objetivo: Introduzir o debate indígena no semestre

Esta atividade foi pensada para incluir a questão indígena, que foi trabalhada em todas as disciplinas durante aquele semestre. Neste sentido, desenvolvemos uma atividade utilizando a letra do grupo Brô MC's, coletivo de *rap* originário da etnia Guarani Kaiowá. Os alunos foram divididos e cada grupo ficou com uma cópia da letra da música *Eju Orendive*.[21]

Com base na letra, os alunos devem ler algumas vezes e identificar elementos da cultura europeia, africana e indígena presentes na letra.

Experiência em sala de aula:

Durante a explicação, o professor e eu marcamos algumas palavras e, com base nelas, os alunos poderiam dar início à pesquisa, como por exemplo: Guarani, Kaiowa e Eju Orendive. Depois de designarmos a atividade, passamos a circular na sala de aula procurando auxiliar os grupos com mais dificuldades. Em um dos grupos que não conseguiam identificar muita coisa, pedi para que eles achassem ao longo da letra, qual a parte que os indígenas falavam da luta deles. "M" disse que a luta deles fica clara no trecho que eles afirmam que índios e brancos são iguais. "M" quis apontar aqui, de certa forma, que a busca da tribo por reconhecimento passava pela luta indígena por igualdade, ou seja, que fossem reconhecidos enquanto seres humanos capazes e dotados de direitos.

Perguntei ao grupo de alunos se eles identificavam alguma influência branca, eles disseram que não, então perguntei em que língua estava a música, os alunos responderam que em português, perguntei em qual lugar se fala tal língua originalmente e eles responderam Portugal. A partir disso, falamos sobre a influência ocorrida n proces-

---

21 Bro Mc`s. *Eju Orendive*. Dourados, 2010 Disponível em: https://www.vagalume.com.br/bro-mcs/eju-orendive.html

so de colonização do Brasil. Instigando o debate, pedi para eles buscarem alguma parte na letra que os indígenas se referiam à religiosidade:

"*Está na mão do senhor, não estou para matar, sempre peço a Deus/Que ilumine o seu caminho, e o meu caminho*"

Nessa parte, discutimos sobre o fato dos jovens rappers da tribo localizada em Dourados – MS, estarem adotando a religião católica como se fosse a sua própria religiosidade, também era fruto da influência decorrente da colonização. Por último, perguntei da influência negra e logo os alunos responderam: o *rap* (o modo de cantar falado) e a gíria, esta última que além de ser uma linguagem local das periferias ao longo do mundo, envolve também uma forma de comunicação entre escravizados da América colonial, como é o caso do termo "*signifying*" designado para identificar palavras e sonoridades desenvolvidas pelos negros escravizados para se comunicar sem serem notados, linguagem muito implícita em músicas e ditos originários do contexto escravagista.

Falamos também sobre o título do grupo – Bros *MC's* – que é uma nomenclatura negra e norte-americana de um movimento de resistência de negros trazidos e nascidos nas Américas em decorrência da diáspora forçada africana.

Após compartilhar o debate com todos os grupos da classe, pedi pra que eles fizessem mais buscas através do videoclipe, assim como a tradução dos termos indígenas presentes na letra.

Fazendo o rap autobiográfico

Objetivo: Estabelecer uma relação entre o aprendizado na docência compartilhada e a produção autobiográfica do aluno

Antes dos alunos começarem a produzir seus versos autobiográficos, é interessante mostrar algumas estruturas possíveis de se construir as rimas.

O formato mais comum de *rap* é com duas ou três partes de 4 estrofes, separadas por um refrão, geralmente caracterizado por uma estrofe que se repete 2x. Exemplo:

Refrão (Geralmente 4 versos que repetem duas vezes = 8 versos).

Parte (4 ou 5 Estrofes = 16/20 versos).

Podendo organizar em: **(a, b, a, b, a, b)** ou **(b, a, b, a, b, a)** ou **(b, a, b, a, a, b)**, etc...

A estrutura de *rap* acima é comumente veiculada nas grandes rádios. O processo se repete até chegarmos na parte 2 ou 3, se a música começar pelo refrão, após a última parte não é necessário que ele apareça novamente, lembrando que isso não é uma regra absoluta.

Algumas canções possuem uma estrofe que se repete sempre anterior ou posterior ao refrão. Se essa estrofe que se repete for as 4 linhas anteriores, chamemos de pré-refrão, é a parte que costuma fazer uma chamada preparativa. Não precisa ser necessariamente uma estrofe inteira, podendo ser 2 versos, 1 verso ou as últimas palavras por exemplo, na música *Quando o pai se vai* de *Gog*, o pré-refrão está sempre nas últimas palavras dos últimos versos:

Penúltimo verso antes do refrão: Toda geração precisa de incentivo senão cai. Último verso antes do refrão: É triste ver, *quando o pai se vai...*

O verso pós-refrão é um preparativo para as estrofes que vem a seguir, costumando também, serem os primeiros versos da música. Na música *Depois da tempestade,* de *Rashid part. Alexandre Carlo*, ele inicia cada refrão com as mesmas 2 estrofes que ele iniciou a música, ou seja, 8 versos no início. Após cada refrão é o mesmo, é como se a cada início, ele ressaltasse pontos chave da sua narrativa, para depois então, seguir cantando a parte inédita de cada trecho da música. Após a demonstração de algumas possíveis estruturas, os alunos deverão construir 3 estrofes autobiográficas. **(Figura 4)**

É interessante pedir para os alunos mais desinibidos colocarem pelo menos a sua primeira estrofe na lousa, desta forma, a classe toda pode ver como foi o processo criativo, além de permitir que se esclareçam possíveis dúvidas, bem como relembrar os aprendizados referentes à técnica de composição no universo do hip-hop.

Experiência em sala de aula:

Aproveitando que "G" colocou a sua estrofe na lousa para nos mostrar e tirar dúvidas, fizemos a contagem de sílabas poéticas[22] presentes na estrofe. Perguntei a eles como era possível que diferentes números de sílabas caberem no mesmo verso/compasso. Um aluno acertou a resposta dizendo que era determinado pelo ritmo, em suma, a velocidade e a cadência dentro do compasso musical na execução de cada sílaba poética. A junção destes fatores determinam o ritmo e a métrica dentro da performance do *MC*, dando sonoridade e musicalidade, é o que chamamos de *flow* ou *levada*[23]. Relembramos junto aos alunos, que o *rap* e muitas músicas (principalmente as encontradas no rádio) são divididas em compassos 4/4, ou seja, cada compasso tem 4 tempos simbolizados pela semínima dentro de 1 compasso, chamado popularmente no *rap* de 4 batidas por compasso. É dentro deste compasso que cada verso escrito se encaixa. Usamos também o exemplo de "G" para falar de rima interna e externa, sendo a primeira a rima feita no interior do próprio verso e a segunda, nas terminações. As

---

22 Chamamos de *sílabas métricas* ou *sílabas poéticas* cada uma das sílabas que compõem os versos de um poema. As sílabas de um poema não são contadas da mesma maneira que contamos as sílabas gramaticais. A contagem delas ocorre auditivamente. Para saber mais pesquise: escansão de versos. *Sílabas Poéticas ou Métricas*. Disponível em: <https://www.info-escola.com/literatura/silabas-poeticas-ou-metricas/>. Acesso em: 21 de março de 2018.

23 Forma com que o mc imprimi ritmo nas suas palavras cantadas, fazendo com que esse fluxo de palavras interajo com o ritmo e os aspectos harmônicos da batida.

palavras com a mesma cor demarcam as que rimam, os tons idênticos demarcam as rimais perfeitas ou consoantes entre elas, quando o tom é diferente, identifica que rima, porém de uma maneira imperfeita, ou seja assonante.

Muito <u>tempo</u> sem meu <u>pai</u>, eu já não <u>aguento</u> <u>mais</u>
Dois <u>anos</u> é <u>demais</u>, mas agora <u>tanto</u> <u>faz</u>

A rima de "G" em apenas dois versos trouxe uma diversidade de possibilidades na construção, o que nos levou a deixar os versos dele na lousa e utilizá-los como exemplo nas aulas seguintes.

Sidnei assumiu a frente e começou uma estrofe do zero com auxílio da classe, comentando que às vezes o *rap* pode surgir espontaneamente, e outras, temos que sistematizar a criação para que possamos nos inspirar. O professor pediu para que eles falassem palavras-chave relacionadas às suas histórias, e depois, para que eles pensassem em diversas possibilidades de rimas para essas palavras. Com base nas palavras escolhidas, foi criada uma história, sendo os versos trabalhados conforme o sentido do que se pretendia expressar, garimpando algumas terminações previamente anotadas no quadro. **(Figura 5)**

Considerando que esta aula visava a construção de uma narrativa autobiográfica e que cada indivíduo tinha a sua própria história, o texto inicial foi produzido individualmente. Posteriormente, os alunos com histórias semelhantes se juntaram para unir as estrofes, cada um contando sua história e compartilhando um refrão em comum conforme a estrutura acima.

Assim como o aluno "G", que relatou em sua letra a falta que o pai lhe fazia, "D" expressou em sua letra o mesmo problema, chegando a se emocionar ao executar sua criação. A letra deles me remeteu ao filme "Nenhum sonho é grande demais"[24], ficção baseada na história do rapper *Notorious Big*, que no filme aparece em idade similar

---

24 *Notorious Big*: nenhum sonho é grande demais (2009). Disponível em: <https://youtu.be/T4pn3fvS3Co?t=4m46s>. Acesso em: 21 de março de 2018.

à dos alunos, expressando em uma letra a raiva que ele sentia pelo fato do pai tê-lo abandonado. Semanas depois, refletindo, eu mesmo, como alguém que faz parte da cultura *hip hop* como *MC*, comecei a pensar o *hip hop* como uma instituição que representou no ambiente onde surgiu, a figura paterna. Nos anos 60, quando as gangues dominavam Nova Iorque, participar de um grupo delinquente soava como uma literal "afiliação" a um grupo que poderia oferecer proteção, acolhimento e reconhecimento ao jovem que vivia um momento doloroso de crescimento, momento em que um pai é fundamental para dar o apoio necessário à elaboração dessas difíceis questões, mas que muitas vezes não estava presente. Quando o *hip hop* emerge, ele me parece oferecer a mesma sensação que as gangues, porém, com um propósito pacificador, crítico, criativo e emancipatório, exercendo um papel paterno que busca intermediar a diferença entre os irmãos (no caso todos os jovens negros e periféricos conectados entre si pelas "marginalidades conectivas[25]"), um pai que busca educar seus filhos ensinando que eles precisam ser unidos para encarar a sociedade e todos os seus problemas de preconceito, discriminação e injustiça. Tal reflexão me fez pensar no número expressivo de questões relacionadas ao pai e à mãe que aparecem nos *rap*s, bem como no relato presente nos livros e documentários, de jovens perdidos que encontravam nas gangues e nos grupos criminosos, uma fraternidade, substituída depois, pelo movimento *hip hop*.

---

25 Chamamos de marginalidades conectivas fatores de opressão ao redor do mundo que permitem a conexão entre praticantes do *hip hop* do mundo inteiro, que se sentem unidos por enfrentarem as mesmas dificuldades independentemente do país em que vivem. Estão entre as principais marginalidade que conectam jovens do mundo inteiro: juventude, classe, opressão histórica, entre outras. Extraído em: *Marginalidades conectivas do Hip hop na Diáspora Africana: os casos de Cuba e do Brasil*, de Halifu Osumare (2015).

Apresentando o rap autobiográfico

Objetivo: Correlacionar o *rap* autobiográfico produzido com o conteúdo trabalhado até o momento durante a docência compartilhada

Esta é a aula que marca o encerramento da docência compartilhada, portanto, cada aluno deve apresentar o seu *rap* autobiográfico. No momento da apresentação, é possível fazê-la no estilo *acapella* (sem nenhum acompanhamento instrumental, apenas declamando o texto no ritmo do *rap*, Funk ou outra modalidade musical), acompanhado do *beatbox* ou pode-se reproduzir uma base eletrônica de pré-programa, geralmente o Youtube tem esse tipo de conteúdo. É um momento interessante para valorizar o protagonismo juvenil. Antes ou após as apresentações, é interessante promover uma reflexão sobre como o processo de criação se deu.

Experiência em sala de aula:

Enquanto alguém apresentava seu *rap* autoral, um pequeno grupo era entrevistado. O que possibilitou fazer desta maneira foi o fato da docência ser compartilhada, ou seja, ter dois professores com a turma, Sidnei e eu. Essa foi a segunda entrevista feita com os alunos desde o início deste trabalho em 2016. Fazendo uma comparação entre as duas entrevistas de "E" por exemplo, foi possível notar mudanças na forma de se comunicar e principalmente, vencendo a resistência que o mesmo apresentava no início.

Anteriormente, ele se negava a participar efetivamente do processo criativo na docência compartilhada, porém, como sempre foi um aluno preocupado com suas notas conforme o relato dos professores, acabou cedendo com o tempo e se empenhando nas ações propostas por mim e pelo professor. Na atividade de transformar as histórias do Sítio de Pica-Pau Amarelo num *rap*, demostrou muito envolvimento mostrando na primeira entrevista inclusive, as rimas feitas por ele e os amigos. Ele que na entrevista realizada em agosto de 2016, não falou nada, apenas demonstrou timidamente os seus versos, desta vez demonstrou simpatia e mais facilidade com as palavras. Sorridente e comunicativo, ria de si mesmo ao lembrar da época em que achava *rap* coisa de "maloqueiro". O menino afirma que não é seu gênero favorito, mas gostou da experiência de produzir arte e saber mais a respeito da história dos afrodescendentes.

Outro caso muito interessante foi o da "F", que passou a maior parte do semestre dispersa, a menina não produziu praticamente nada o ano todo, mas neste dia ela resolveu escrever, talvez seja devido ao caráter autobiográfico da atividade, pois foi digno de nota o fato de ela ter recorrido em sua criação a frases que já havia elaborado em seu diário. "F" disse que já escrevia há um certo tempo e aproveitou essas memórias para fazer os *rap*s. Surpreendeu-me a riqueza de figuras de linguagem que ela usava, mesmo sem saber o que era por não ter participado ativamente das aulas. "L" me contou já ter o hábito de escrever seus versos, mas não imaginava que a aula de história e *rap* poderiam se misturar no espaço escolar de maneira tão agradável e interessante. "B" finalizou a entrevista afirmando que ao estudar a história através do *hip hop* e ainda produzir as próprias músicas, principalmente com um caráter autobiográfico, é como se a história que estudasse não parecesse tão distante da realidade dela e dos companheiros de classe, é como se eles dessem continuidade à história ampliando o curso da própria história.

Imagens

Figura 1: alunos confeccionando o material para a batalha entre personagens do Sítio do Pica Pau Amarelo. Autor: Daniel Tejera

Figura 2: alunos durante a aula assistindo a apresentação dos companheiros e aguardando a sua vez na batalha de personagens. Autor: Daniel Tejera

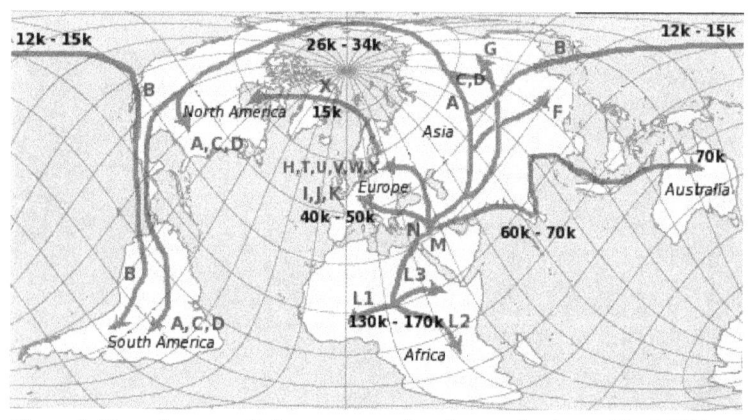

Figura 3: Mapa da ocupação humana ao redor do mundo. Autor: Daniel Tejera

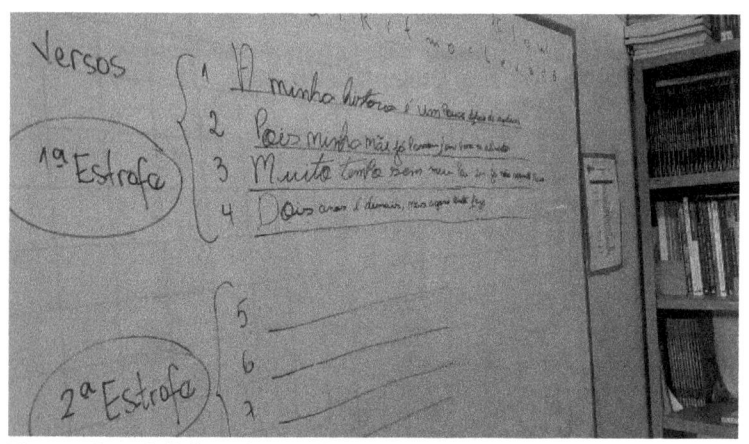

Figura 4: letra de "G" que ficou na lousa como exemplo para as aulas seguintes. Autor: Daniel Tejera

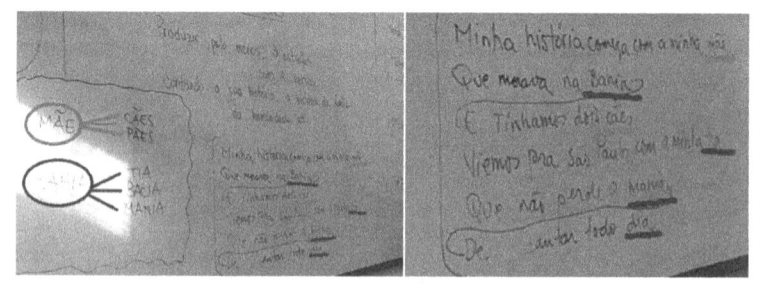

Figura 5: Palavras anotadas com ajuda dos alunos, para posteriormente se transformar em versos metrificados. Autor: Daniel Tejera

Bibliografia

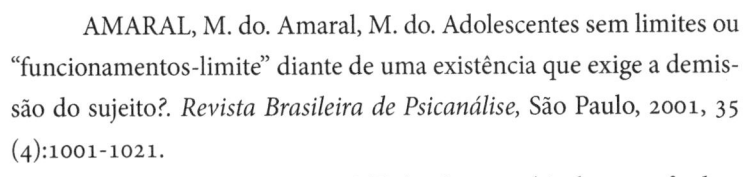

AMARAL, M. do. Amaral, M. do. Adolescentes sem limites ou "funcionamentos-limite" diante de uma existência que exige a demissão do sujeito?. *Revista Brasileira de Psicanálise*, São Paulo, 2001, 35 (4):1001-1021.

_____. M.G.T. do. O rap, o hip-hop e o funk: a "eróptica" da arte juvenil invade a cena das escolas públicas nas metrópoles brasileiras. *Revista Psicologia USP*, São Paulo, 2011, 22(3): 593-620.

ANDRADE, Elaine Nunes (org). *Rap e educação, rap é educação*. São Paulo: Selo Negro, 1999.

CARLOS, Toni. *O hip-hop está morto!*: a história do hip-hop no Brasil. São Paulo: Edição do Autor, 2012.

EDWARDS, P. *How to* rap: the art and science of the hip-hop MC. Chicago, IL, *Chicago Review Press*, 2009.

_____,P. *How to* rap 2: advanced flow and delivery techniques. Chicago, IL, *Chicago Review Press*, 2013.

HILL, Marc . *Batidas, rimas e vida escolar* - pedagogia hip-hop e as políticas de identidade. R.J., Ed. Vozes, 2014.

LEÃO,M.A. da S. e FERREIRA,J.de o.(King Nino Brown). Arte e cidadania: hip-hop e educação. In: Amaral, M. do e Carril, L. *O hip-hop e as diásporas africanas na modernidade*: uma discussão contemporânea sobre cultura e educação. São Paulo: Alameda Editorial/FAPESP, 2015,p. 111-131.

OSUMARÉ, Halifu. "Marginalidades conectivas" do Hip Hop e a Diáspora Africana: os casos de Cuba e do Brasil. In: Amaral, M. do e Carril, L. *O hip-hop e as diásporas africanas na modernidade: uma discussão contemporânea sobre cultura e educação*. São Paulo, Alameda Editorial/FAPESP, 2015, p.63-92.

SMITH, William E.O hip-hop e suas conexões com a diáspora africana. In: Amaral, M. do e Carril,L. *O hip-hop e as diásporas africanas na modernidade:* uma discussão contemporânea sobre cultura e educação. São Paulo: Alameda Editorial/FAPESP, 2015, p.93-105.

5. ENTRE O TEATRO NEGRO E A LITERATURA: REVELAÇÕES E VALORIZAÇÃO DAS CULTURAS AFRO-BRASILEIRAS NO CURRÍCULO DO CICLO AUTORAL

Apresentação

O teatro negro no Brasil foi apresentado aos alunos pela atriz Dirce Thomaz como um gênero que surgiu de modo a exprimir de maneira bastante completa as diversas formas de manifestação do humano, envolvendo desde a mímica, a gestualidade, os movimentos circulares, as cantigas de roda, o texto, a poesia e a própria representação. Portanto, a concepção de teatro apresentada, se de um lado, envolveu a história de personagens importantes do teatro negro, como Abdias Nascimento e diversas companhias ligadas às lutas contra a discriminação racial e pelo direito à educação tal como fora sustentada pela Frente Negra, de outro, trouxe um debate mais contemporâneo como o de Augusto Boal e Viola Spolin, que enfatizam o improviso de cenas cotidianas como sendo o cerne do trabalho teatral.

Daí a importância de exercícios relacionados a cantigas, jogo do espelho (gestual), vídeos sobre a África e a diáspora, o quilombo, de maneira que permitissem ao(à) jovem relacionar o passado e o presente, assim como o rural e o urbano, as diferenças entre o centro e a periferia, etc. Muitas vezes, utilizaram-se de uma linguagem apreciada pelos jovens, como os clipes dos rappers, para fazer uma reflexão sobre o aspecto teatral e cinematográfico ali presente.

Entre o teatro negro e a literatura: revelações e valorização das culturas afro-brasileiras no currículo do ciclo autoral

Dirce Thomaz[1]

Introdução

A docência compartilhada inicialmente aconteceu entre a profa. Elisabeth Maria Magalhães da disciplina de Língua Inglesa e Literatura da sala de leitura, a atriz e pesquisadora Dirce Thomaz e o

---
1 Pesquisadora FEUSP e atriz.

pesquisador Roman[2]. O presente projeto foi desenvolvido na Escola Municipal EMEF Saturnino Pereira, com estudantes do ciclo autoral (7°C e 8°C), nos anos de 2015 a 2018.

Compartilhar saberes foi um exercício diário que transformou a vida da professora e do ambiente escolar. A pesquisa foi construída democraticamente a partir dos Componentes Curriculares da SME-SP, baseando-se nos seguintes cadernos:

Atriz, dramaturga, diretora e arte educadora Dirce Thomaz.
Foto: Daniel Tejera

Direitos de Aprendizagem dos Ciclos Interdisciplinar e Autoral da Língua Portuguesa de 2016, uma vez que propiciou, por meio de estudos literários, um repertório crítico sobre as questões étnico-raciais que priorizasse a construção de um olhar poético, contestador e descolonizado de nossa literatura, exaltando a contribuição literária de autores negros tais como: *Carolina Maria de Jesus*, escritora negra e favelada, reconhecida mundialmente por denunciar em seus escritos a realidade da população negra.

Direitos de Aprendizagem dos Ciclos Interdisciplinar e Autoral de Arte de 2016: as propostas realizadas na pesquisa estiveram de acordo com as premissas – fazer, apreciar e contextualizar – por meio dos seguintes componentes:

---

2   O pesquisador Roman participou no ano de 2015 do Projeto, mas não deu continuidade nos anos posteriores.

Experienciar: os exercícios de observação fizeram com que surgissem várias brincadeiras de modo natural, por meio do improviso.

Perceber: o projeto contou com a presença da atriz e pesquisadora negra Dirce Thomaz que foi percebendo ao longo do processo o quanto o grupo evoluiu, principalmente as meninas. Ter uma atriz negra conduzindo as atividades foi uma referência importante para que as alunas, aos poucos, fossem assumindo e reconhecendo sua identidade afrodescendente. Durante as atividades, muitos textos e vídeos foram apresentados aos alunos como, por exemplo, a letra da música da MC Sofia - uma adolescente que canta sobre a valorização da menina negra. Histórias bem sucedidas, como o caso da jovem negra Bruna, que passou em primeiro lugar no curso de medicina na USP, também foram trazidas para o contexto da sala de aula. Esses espaços de discussão e novas referências estimularam, sobretudo, entre as estudantes uma atitude como esta: *"Sim! Nós Podemos!"*.

Foto: Daniel Tejera

Os resultados deste trabalho foram surpreendentes a ponto de várias meninas mudarem o visual e aparecerem nas aulas com tranças, orgulhosas de seu cabelo *black* e assumindo sua cultura negra. Numa das aulas, uma garota foi comparada com o Bob Marley. Em resposta ao comentário do colega, ela disse que se sentia honrada e orgulhosa com tamanho elogio. Inesperadamente outros colegas também partiram em defesa da garota, dizendo que admiravam e sabiam sobre a vida do cantor e ativista jamaicano. As meninas passaram a se arrumar mais, usar maquiagem e batom bem vermelho. Os meninos também não ficaram atrás. A periferia foi se tornando *chic* e assumida!

Criar: por meio de jogos teatrais, os (as) alunos (as) passaram a se entender através dos olhares e da movimentação do corpo que possibilitava a troca de papeis e a criação de gestos e expressões que propiciasse o reconhecimento mútuo.

(Inter)relacionar: O significado da palavra teatro em grego é *"lugar de onde se vê"*. Quem vai ao teatro para assistir um espetáculo negro ou branco espera ver artistas trabalhando, independentemente da cor ou pele. Em conformidade com Mbembe (2014)[3], para o qual *"ver não é a mesma coisa que olhar"*, a invisibilidade do negro no Brasil é cultural e institucional, porém, a resistência do teatro negro mostrou o seu protagonismo na arte brasileira desde o período colonial, quando os negros nos momentos de descanso nas senzalas interpretavam os seus senhores.

Após o período colonial, o teatro de revista ganhou força, pois fazia a crítica social da época com De Chocolat e a Companhia Negra de Revista (1920-1940). Abdias Nascimento criou com outros artistas o TEN (Teatro Experimental do Negro) modificando a poética e a estética com pinceladas pretas no eurocentrismo do teatro brasileiro. E, com os avanços das pesquisas, outros grupos e companhias surgiram, os quais estão trabalhando a temática negra até hoje.

Os Direitos de Aprendizagem dos Ciclos Interdisciplinar e Autoral de Arte de 2016 dialoga com nossa pesquisa no sentido de priorizar a construção de um currículo crítico e problematizador, destacando as inúmeras matrizes culturais, étnicas e raciais do nosso país. Desse modo, respaldamo-nos na Lei 10639/2003 em consonância com as Diretrizes Curriculares Nacionais para a Educação

---

3   MBEMEBE, Achille. *Crítica da Razão Negra*. Lisboa: Editora Antígona, 2014.

das Relações Étnicorraciais de 2004, a fim de promovermos diversas e ricas reflexões que possibilitaram a construção de uma consciência negra por meio de diversos diálogos realizados no decorrer das atividades. O projeto baseia-se no componente curricular da Cidade "artes", a partir do princípio 9 - *Repertório Cultural,* que salienta os seguintes aspectos:

Fotos: Daniel Tejera

Saber: Desenvolver o repertório cultural e senso estético para reconhecer, valorizar e fazer fluir as diversas identidades, manifestações artísticas e culturais, possibilitando práticas de produção sociocultural.

Para: Ampliar e diversificar as possibilidades de acesso às produções culturais e suas experiências emocionais, corporais, sensoriais, expressivas, cognitivas, sociais e relacionais, desenvolvendo seus conhecimentos, sua imaginação, criatividade, percepção, intuição e emoção.

A dinâmica envolvendo a pergunta quem você gostaria de ser? E por quê? Fez com que um aluno relatasse o interesse de ser

Chiquinha Gonzaga pela luta que ela travou até ser reconhecida como uma compositora e maestrina no séc. XIX. O sorriso das meninas na foto ao lado demonstra um momento da atividade em que uma das garotas disse querer ser Bruna Marquezine, simplesmente pelo fato de ela ter sido a namorada do Neymar. As outras riram, uma vez que, de posse de um novo repertório de referências, desejavam algo diferente da colega, tomando como modelo, personalidades negras e não brancas. Por exemplo, na dinâmica *escolha uma personalidade importante na história*, uma menina escolheu Ruth de Souza, uma grande atriz negra do teatro e da televisão brasileira. Houve um aluno que escolheu ser o coordenador geral da ONU para auxiliar as pessoas na guerra; outros, lembraram-se de Thais Araújo, MC Nego Blue e etc.

Essas dinâmicas e atividades lúdicas dialogam com a interdisciplinaridade do Componente Curricular da Língua Portuguesa que possibilita: *Fomentar a investigação, leitura e problematização por meio da arte, reinventando o plano de ensino* com a participação dos (as) alunos (as). A importância do diálogo entre os envolvidos transformou o espaço da sala de aula em um ambiente de negociações e troca de conhecimento, viabilizando o reconhecimento dos (as) alunos (as) por meio da arte e da literatura.

Foto: Daniel Tejera

Na elaboração do planejamento, definiu-se que uma vez por mês as atividades ocorreriam em um espaço aberto em que a classe pudesse ficar mais livre para propor atividades a fim de transformar o grupo em sujeito da ação e que as demais aulas aconteceriam na sala de leitura. Os (as) alunos(as) foram estimulados a desenvolver um novo olhar sobre si e seu entorno e, assim, melhorar sua integração junto à comunidade escolar e à comunidade local. Isso possibilitou uma reflexão acerca das questões e problemas sociais que ocorriam no cotidiano, como, por exemplo, as expressões de preconceito e de racismo.

Lições sobre *O Papel e o Mar*

A EMEF Saturnino Pereira já trabalhava com um projeto sobre Carolina Maria de Jesus, intitulado: *Quarto de Despejo: Carolina Maria de Jesus e outras Carolinas* na Educação de Jovens e Adultos (EJA). Dentro deste projeto estava prevista a exibição do curta-metragem *O Papel e o Mar* sob direção de Luiz Pilar, com a participação dos atores: Zózimo Bulbul e Dirce Thomaz. O filme conta as experiências vividas pelo almirante João Candido e pela catadora de papel Carolina Maria de Jesus que sonhava e trabalhava com as palavras escrevendo seu famoso diário *"Quarto de Despejo"*. Os alunos (as) assistiram ao curta e, posteriormente, foram surpreendidos pela performance ao vivo da atriz, Dirce Thomaz, que eles viram no filme. Sua aparição provocou uma espécie de ilusão e interrogação nos estudantes que indagavam: *Seria ela a Carolina do filme, que se encontra ali em nossa frente?* A apresentação da atriz Dirce Thomaz despertou um encantamento muito grande nos participantes e na discussão muitos estabeleceram diversas relações entre o filme e a sua realidade social. A leitura dos textos literários e a experiência de ter uma atriz negra como parte das atividades do EJA despertou o interesse dos grupos pela leitura e pelos temas que foram levantados sobre a

Foto: Daniel Tejera

história do negro no Brasil, tais como: o racismo, o preconceito, a violência, a favela, o descaso dos governantes, o abandono social. Assim, os estudos sobre *João Candido* e *Carolina*, foram importantes para o engajamento do grupo que relacionou a compressão sobre o problema vivido pelo negro do Brasil desde o período colonial até os dias atuais, uma vez que as suas experiências muito se assemelhavam com as da autora, visto que a maioria dos alunos era negro, pobre e favelado.

Cena do filme: *O Papel e o Mar*, sob direção de Luiz Pilar, com participação deZózimo Bulbul e Dirce Thomaz

Os (as) alunos (as) identificaram semelhanças entre Carolina e Abdias do Nascimento, dois ativistas que nasceram no mesmo dia 14 de março de 1914 e que lutaram contra a desigualdade social e injustiça que atingia os negros. Depois desta experiência, os alunos seguiram relatando suas histórias em versos que acabou virando um livro chamado "Escrevendo a própria história", de autoria coletiva, 2016.

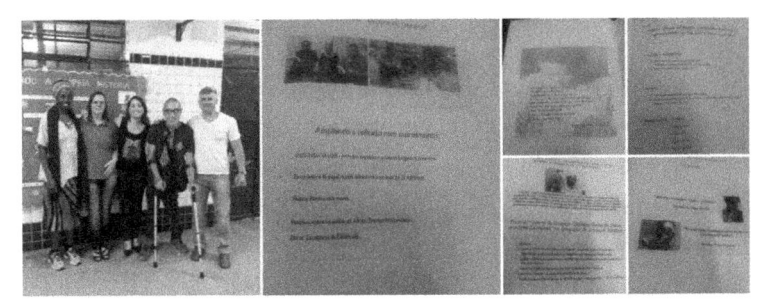

Foto: Carlos Goff

Segundo Oliveira (2014)[4]:

> Qual é o eco das ações dessas duas personagens na sociedade contemporânea neste cenário "futuro", que aparece de forma desconcertante como pano de fundo para João e Carolina? Inegável que os espaços que conferem voz e poder na sociedade atual parecem já ter dono. E, como ressalta Carolina, negras e negros brasileiros são insistentemente retirados de cena e jogados, como o lixo que ela cata, para os guetos da história (OLIVEIRA, 2014, p.21).

O personagem de João Cândido, interpretado por Zózimo Bulbul também contribuiu para o desenvolvimento dessas turmas, pois representou um homem negro que foi banido da história oficial brasileira, deixando de ser reconhecido como Almirante pelo governo, mas que foi capaz de defender os marinheiros negros, lutando contra a permanência das práticas escravistas nos porões dos navios, situação que perdurou até 1910.

---

4 Ver em, http://revistaeixo.ifb.edu.br/index.php/RevistaEixo/article/view/133/112, OLIVEIRA, M.Z. (2014). O papel e o mar: sobre estórias que não nos contam dos personagens negros da nossa história. *Revista EIXO*, Brasília – DF, v.3 n-2, julho – dez, acesso em 12/02/2018.

Produzindo saberes para jovens afro-brasileiros no ciclo autoral

As atividades, envolvendo, em sua maioria, exercícios e dinâmicas, eram realizadas em grupo, por meio de rodas de conversas.

Foram respeitados os saberes e particularidades dos alunos e os temas eram selecionados por todos (as). Muitas sugestões viraram cenas em alguns trabalhos apresentados durante o curso.

A imagem representa um momento de fala importante de uma aluna: "O teatro é como a nossa casa, temos que nos soltar, não podemos ficar presos!". Fotos: Daniel Tejera

Pesquisadores/arte-educador e professores (as) que contribuíram com a pesquisa

O pesquisador, Roman fala sobre teatro e cinema, procurando oferecer aos (as) alunos elementos para uma compreensão das duas linguagens, assim como para identificar suas semelhanças e diferenças. Foto: Manoela Meyer

'A professora Julia auxiliou na preparação dos (as) alunos (as) para as atividades externas. Esta imagem refere-se à preparação da classe para a leitura do texto sobre a vida do Pedagogo Roberto C. Ramos, ex-interno da Febem. Foto: Daniel Tejera

O professor e pesquisador Jefferson anuncia aos (as) alunos (as) o clipe *Guetto* do cantor de rap Viegas, da zona leste, gravado na Cohab Juscelino. Foto: Joyce Cury

Professora Eloisa Maria Magalhães. Foto: Daniel Tejera

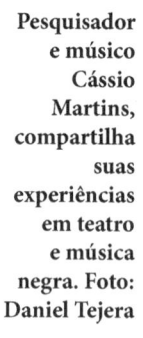

Pesquisador e músico Cássio Martins, compartilha suas experiências em teatro e música negra. Foto: Daniel Tejera

Ensaio para a apresentação na Fábrica de Cultura da Cidade Tiradentes. Foto: Daniel Tejera

Os exercícios do espelho eram realizados na quadra e os movimentos fluíam livremente potencializando o despertar da criatividade. Foto: Daniel Tejera

O trabalho era realizado de forma individual, quando o (a) estudante demonstrava timidez ou com dificuldade de interpretação da leitura das músicas, da literatura e de poesias. Foto: Daniel Tejera

Havia momentos em que eles (as) ensaiavam suas falas, as músicas e as performance. Foto: Daniel Tejera

O grupo se unia nas cantigas e ciranda embalados pelo ritmo. Esta imagem reflete ao momento em que o grupo participava de uma ciranda com a música de Caetano Veloso – Canto do povo de um lugar. Foto: Daniel Tejera

Dialogo sobre o racismo

A pesquisadora, a professora e os alunos (as) envolveram-se em discussões propiciadas pela exibição de vídeos e curta-metragens. A imagem ao lado é referente à discussão sobre o racismo, após a apresentação do filme *O Xadrez da Cores,* sob a direção de Marco Schiavon. Houve uma discussão importante sobre os quilombos, a partir de diferentes olhares. Novas leituras de mundo surgiam com os filmes, as poesias e os clipes.

Comentários sobre a apresentação do filme O Xadrex das Cores, um curta metragem sobre o racismo com Mirian Pires e Zezéh Barbosa. Foto: Daniel Tejera

Sugestão: Para levantar essas discussões sugerimos o seguinte material que pode ser utilizado em sala de aula: *Os Sete Novelos*, de Angela Shelf Medearis, *Na minha Pele*, romance de Lazaro Ramos, Poemas. *A Cor da Ternura*, de Geni Guimarães (Prêmio Jabuti de Literatura), *Memorial dos Meninos*, de Rudinei Borges (Filósofo e Dramaturgo), *Batuque*, de Carlos de Assumpção. Com Lopes, Contadora de História, as fábulas *A menina do Leite*, *A lebre e a Tartaruga*, *A Galinha dos Ovos de Ouro* e vídeos sobre adolescentes e adultos. O curta *O Papel e o Mar*, o Clip *Gueto* de Viegas, *O Xadrex das Cores*. *MC Sofia*, *O menino Gustavo*, filme em que crianças africanas encantam o mundo com música e dança

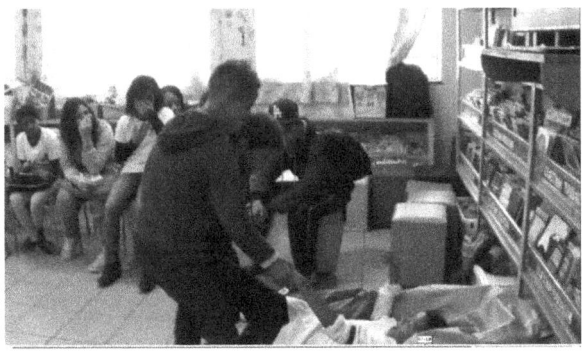

Cena de processo colaborativo dos (as) estudantes sobre racismo e violência em que se apropriam da proclamação da Lei Áurea. Foto: Daniel Tejera

Identidade Negra e protagonismo

Essa imagem se refere à cena da promulgação da Lei Áurea, com a presença de Zumbi do Palmares relatando que seus feitos contribuíram para a emancipação do negro. Foto: Daniel Tejera

A apropriação dos textos teóricos e a realização das dinâmicas foram se transformando em representações e cenas.

Foto: Daniel Tejera

Em umas das discussões, uma aluna criou coragem e falou que já tinha sofrido racismo. Contou que antes não gostava de ser negra e que queria ser branca, esses assuntos foram se tornando recorrentes e todos (as) perceberam que era importante dar voz aos alunos para juntos (as) construírem soluções para enfrentar essa questão.

Alunos (as) Isabeli, e Idalison tocando violão.
Foto: Daniel Tejera

Leituras de fábula

A Lebre e a Tartaruga, A Menina do Leite e A galinha dos ovos de Ouro

Foram realizadas dinâmicas inspiradas em Viola Spolin, em seu livro *Jogos teatrais* e Augusto Boal, *Teatro do Oprimido*, além de atividades com as palavras, em que dividíamos a classe em pequenos grupos e cada participante escolhia uma palavra que fosse importante para si. Depois, eles trocaram as palavras entre os grupos e cada grupo escreveu uma história com as palavras, finalizando a apresentação dos trabalhos construídos.

Foto: Daniel Tejera

A apresentação do *clip* Viegas, do grupo de rap da zona leste, despertou a curiosidade dos (as) alunos (as) por ser realizado no bairro onde muitos deles moram, potencializando as discussões sobre os problemas periféricos e também seus valores. Foi ressaltado que a atriz Nádia Bitencourti, moradora da região, também participou do clip com a atriz Dirce Thomaz.

Apresentação do Clipe do Viegas rap da zona leste gravado na Cohab Juscelino. Foto: Daniel Tejera

Último dia de aula com teatro, música, dança e poesia

Fotos: Daniel Tejera

Foto: Daniel Tejera

O *rap* colocou a pesquisadora e a aluna em um único ritmo. Seus corpos expressaram a ginga e o suingue de uma identidade negra por meio do improviso e da dança. No refrão elas saudavam a professora Bethy.

Finalizamos o ano letivo com muita música, dança e teatro.

Os (as) alunos (as) pegaram o violão, cantaram e tocaram.

Meu corpo, porta-estandarte de mim mesmo

> "*Um corpo que como estandarte passa a invadir o imaginário do outro, de modo que passa a tocá-lo em sua humanidade e desarmá-lo em suas expectativas*[5]".

Os alunos (as) foram entrando em contato com a literatura negra e alguns autores contemporâneos negros à medida que descobriam mais histórias sobre Carolina Maria de Jesus.

---

5   LIMA, Evani Tavares. *Capoeira Angola como treinamento para o ator.* 2002, p. 107.

Referências importantes do teatro negro brasileiro evidenciadas pelos (as) estudantes

Benjamim de Oliveira, que nasceu no Pará de Minas em 11 de junho de 1870, foi uma das mais importantes figuras do mundo do circo, o primeiro palhaço negro do Brasil e, de acordo com o pesquisador Brício de Abreu, o primeiro palhaço negro do mundo.

Foto: autor desconhecido

A Companhia Negra de Revista foi criada no Rio de Janeiro em 1926 e foi um marco importante, pois permitiu que os negros passassem a ser protagonistas nas artes cênicas, os sócios eram: De Chocolat, cujo nome é João Cândido Ferreira (Salvador, BA, 1887 - Rio de Janeiro, RJ, 1956) e seu sócio Jaime Silva (o único branco da companhia).

Foto: autor desconhecido

Abdias Nascimento (1914-2011) é originário de uma família negra e pobre da cidade de Franca, interior do Estado de São Paulo. Sua mãe se chamava Georgina, conhecida como dona Josina, e o pai se chamava José. Ambos eram católicos e tinham sete filhos. A avó materna de Abdias, dona Ismênia, havia sido escrava, e apesar do neto ter nascido no contexto da pós- -abolição, o racismo e as relações sociais que marcaram o Brasil na época dela ainda vigoravam com bastante força. O Teatro Experimental do Negro (TEN) surge por iniciativa de Abdias no Rio de Janeiro em 1944, um espaço para a valorização da população negra por meio da educação e da arte.

Foto: autor desconhecido

Grande Otelo, pseudônimo de Sebastião Bernardes de Souza Prata ou Sebastião Bernardo da Costa, nasceu em Minas Gerais (1915-1993), foi ator, comediante, cantor, produtor e compositor brasileiro; grande artista de cassinos cariocas e do chamado teatro de revista.

Foto: Retirada do site http:// www.famososquepartiram. com/2009/11/grande-otelo.html

Ruth de Souza - Ruth Pinto de Souza, nasceu no Rio de Janeiro em 1921. É uma atriz brasileira, primeira dama negra do teatro, do cinema e da televisão brasileira.
Foto: autor desconhecido. Fonte: http://memoriaglobo.globo.com/perfis/talentos/ ruth-de-souza/ruth-de-souza-fotos.htm

Léa Lucas *Garcia* de Aguiar nasceu no Rio de Janeiro em 1933, tornando-se uma atriz da televisão brasileira, do teatro e do cinema.

Foto: autor desconhecido. Fonte: cena da novela Escrava Isaura em 1976 (rede Globo)

Solano Trindade (1908-1974) foi um poeta brasileiro, folclorista, pintor, ator, teatrólogo, cineasta e militante comunista. Filho do sapateiro Manuel Abílio Trindade, foi operário, comerciário e colaborou na imprensa. Criou o Teatro Popular Solano Trindade.

Foto: autor desconhecido. Fonte: museuafrobrasil.org.br

Foto: autor desconhecido. Fonte: arteculturaembu.blogspot.com

Raquel Trindade, que nasceu em Recife no ano de 1936, foi uma escritora, artista plástica, coreógrafa e folclorista brasileira. Deu continuidade aos estudos e pesquisas de seu pai, Solano Trindade. Hoje o Teatro, com o mesmo nome "Solano Trindade", em Embu das Artes, é administrado por Vitor da Trindade, neto de Solano.

Esses artistas vêm referendar o teatro que fizemos na segunda metade do século XX. Um exemplo marcante foi a montagem de *Xica da Silva* pelo grupo de teatro Macunaíma, com direção de Antunes filho, no qual o famoso diretor encenou uma cena de teatro negro, com os escravizados e mucamas apresentando uma corte negra no Castelo de Xica da Silva para seus convivas. Segundo Leda Maria Martins, Xica da Silva foi uma das responsáveis por diversas encenações de teatro negro em sua residência. Hoje muitos grupos e companhias de teatro negros em Salvador, São Paulo, Rio de Janeiro, Belo Horizonte continuam a realizar experimentações e pesquisa sobre teatro, dança e outras linguagens relacionadas à cultura negra em pleno século XXI.

Um pouco da pesquisadora e artista Dirce Tomaz

Rubens Teixeira e Dirce Thomaz. Foto: autor desconhecido

A corte Negra na peça Xica da Silva de Luís Alberto Abreu. Dirce Thomaz e o diretor Antônio Filho. Foto: autor desconhecido

Dicas de companhias e grupos de teatro negro no Brasil

Em São Paulo, há diversas companhias e grupos de teatro negro tais como: *Invasores Companhia Experimental de Teatro Negro, Cia. Os Crespos, Grupo Clariou de Teatro, Capulanas Cia de Arte Negra, Coletivo Negro, Kizumba.* Em Belo Horizonte, *Teatro Negro e Atitude, Cia Será Quê?, Cia Baobá de Arte Africana e Arte Brasileira, Nega - Núcleo experimental de arte negra e tecnologia.* No Distrito Federal, *a Cia. Teatral Cabeça Feita- Cia de Arte Negra.* Na Bahia, *a Cia de Teatro Nata, Balé Folclórico da Bahia, Cia Teatral Abdias Nascimento, Bando de Teatro Olodum.* Em Goiás, *a Cia. Teatral Zumbi dos Palmares.* No Paraná, *o Grupo de Teatro Nuspartus.* No Rio Janeiro, *Comuns, Amok Teatro, É Tudo Cena, Rubens Barbot Teatro de Dança.* No Rio Grande do Sul, *o Grupo Caixa Preta, Cia de Dança Afro Daniel Amaro, Grupo de Música e Dança Afro Sul,* entre outros, que podem servir como referência para estudar a atuação artística da população negra na atualidade.

Um pouco da história do Teatro Negro

Ancorado em nossa história, o avanço do teatro negro, na primeira metade do século XX, fez parte dos movimentos pela luta por melhorias para a população negra. Tivemos diversas inciativas nesse sentido, como A Frente Negra Brasileira, os jornais o *Clarim da Alvorada* e o *Quilombo*, organizados por Abdias Nascimento. Em meados dos anos de 1970, os movimentos negros novamente efervesciam no Brasil, inspirados nas ideias revolucionárias da Revolução do Haiti, dos movimentos pelos Direitos Civis dos afroamericanos como, *The Black Panther*, e da luta contra a prisão de diversos membros que se tornaram símbolos da luta de resistência negra nos EUA, como foi o caso de Ângela Davis, que comoveu o mundo por sua libertação. Hoje ela é uma das personalidades negras mais conhecidas no mundo, sendo filósofa, antropóloga e ativista, que tivemos a honra de conhecer quando esteve no Brasil pela primeira vez na Jornada Cultural Lélia Gonzales, em São Luís Maranhão, em 1997. Todos esses fatores influenciaram e fortaleceram os movimentos que lutavam contra o racismo e o preconceito no mundo. Diversos grupos se organizaram no Brasil: MNU – Movimento Negro Unificado, GRUCON – Grupo União e Consciência Negra, as pastorais Negras, ligadas à Igreja Católica. No fim da década de 1970, o filme *Xica da Silva* representada por Zezé Motta, de Cacá Diegues estourou nos cinemas do Brasil e no mundo. Nos anos de 1980, surgiram outras instituições como Geledés, Fala Preta que foram os primeiros grupos organizados por mulheres acadêmicas, ligadas à psicologia, à sociologia, à filosofia, à assistência social e à saúde. Juntamente com esses coletivos surgiram também as Companhias e grupos de teatro/dança para pesquisar, produzir e criar diante de uma nova porta que se abria. Em São Paulo, o grupo de Teatro Macunaíma montou a peça Xica da Silva, sob a direção de Antunes filho, a TV lançou os seriados: *Tenda dos Milagres, República e Mãe de Santo*. O grupo de Teatro Olodum surgiu na Bahia em 1990, nascedouro de inúmeras produções e montagens negras no cinema e na TV. A partir de 2001, surgiu um número expressivo de companhias e grupos de teatro sobre a cultura negra. O CPT (Centro de Pesquisa Teatral) é voltado para pesquisa referente ao teatro negro e às culturas diaspóricas, algumas delas já concluídas ou em andamento, tal como o trabalho da pesquisadora e socióloga Cristine Douxami que faz pesquisa de mestrado em Salvador sobre o teatro negro no Brasil. A expectativa é de que surjam novos olhares, novos profissionais e novos estudantes para se construir formas renovadas de ensinar, de aprender e de apreender cultura, em busca de novos estilos e de novas estéticas. Somos uma população marcada pela diversidade étnica, cultural e religiosa, oriunda de diferentes povos ou etnias, o que exige respeito e tolerância para com os povos historicamente prejudicados no Brasil, sobretudo negros e indígenas.

Portanto, sustentamos ser importante construir novas situações didáticas e o teatro pode ser um caminho para dialogar com os jovens afro-brasileiros respeitando suas identidades e culturas. Para inspirá-los nesta busca deixamos como sugestão algumas cenas de criação coletiva realizadas pelos (as) estudantes, tais como:

Grupo 1

Perguntas: em qual situação um adolescente ou jovem se sente incluído ou rejeitado? O que podemos fazer diante dessas situações?

Cena 1: dois irmãos estudam na mesma escola, um branco era bonito, famoso e o negro era ignorado, o irmão branco começa a ter vergonha dele na escola por ele ser zoado. Quando terminam os estudos eles resolvem fazer a mesma faculdade de medicina, com o tempo o branco ia para as baladas curtir com s meninas e o negro ficava em casa estudando, por ser ignorado. Taiara, Nauciney, Diego, Nickolas e Maycon. Tama

Cena 2: Patrick nasceu em 27 de março de 1998, ele sofreu abandono e foi para um abrigo na cidade de São Paulo. Lá ele sofreu muito, pois ninguém queria ser seu amigo.

Natanael e Patrick

Grupo 2

Tema: Bullyng, morte, paixão, racismo, preconceito.

Cena:

Luana protagonista - sofre na vida, ganha bolsa de estudo com muito sofrimento.

Kauan protagonista - namorado ou amigo da Luana vem ajuda nos momentos mais difíceis

Isabele - Assedia moralmente os protagonistas

Maria Luiza Assedia os protagonistas

Yasmim e Ícaro psicólogos que ajuda os protagonistas

Grupo 3

Tema: preconceito e amizade

Cena: dois meninos que brigaram na escola, um alemão, o Dudu e o outro africano o Marcos, xingavam um ao outro de frases racistas e preconceituosas, um deles resolveu fazer um boletim de ocorrência e quando as mães cegaram a delegacia eram amigas de infância, conversaram com os meninos que a partir de então se tornaram amigos.

Grupo 4

Tema: Racismo.

Cena: a mãe teve dois filhos - um nasceu negro e se chama Gustavo e a outra nasceu branca e se chama Hellen. Gustavo todo dia sofria violência na escola quando voltava pedia ajuda para Hellen, mas ela não o ajudava, ele sofreu muito por não ter apoio da própria irmã. Eles cresceram, passou o tempo, um certo dia Hellen estava no ônibus e usava um turbante, uns três meninos que estava lá no fundão, tacando comida e falando merda para ela e para um moço que não falava a nossa língua parecia que falava inglês. Hellen não gostou foi reclamar, e sofreu violência, racismo e *bulling*. Ela saiu do ônibus e foi direto para a casa do irmão pedir desculpas para ele de tudo o que ela fez, acreditamos que só assim as pessoas mudam de pouco a pouco.

Referências bibliográficas

BARRETO, Maria Fernanda Mazziotti. *Dinâmica de grupo história, prática e vivências.* 2a edição. Campinas: Editora Alínea, 2004.

HALL,Stuart . *A Identidade Cultural na Pós-Modernidade.* 12ª edição. São Paulo: PD&A, 2014.

_____. *Da Diáspora:* Identidade e Mediações Culturais. Belo Horizonte:Ed., UFMG, 2003.

JESUS, Carolina Maria de. *Quarto de Despejo.* São Paulo: Editora Ática, 2015

LIMA, Heloisa Pires. *Histórias da Preta.* São Paulo: Companhia das Letras, 1998.

Martins, Leda Maria. *A cena em Sombras.* Coleção Debate 1a ed. São Paulo: Ed. Perspectiva, 1995 .

MBEMBE, Achille. *Crítica da Razão Negra.* Lisboa: Editora Antígona, 2014.

MEDEARIS, Angela Shelf. *Os Sete Novelos.* 1ª edição. São Paulo: Cosac Naify, 2005

MUNANGA, Kabengele. *Rediscutindo a Mestiçagem no Brasil* - identidade nacional versus identidade negra. Belo Horizonte: Ed. Autêntica, 2004.

NASCIMENTO, Abdias. *Quilombo. Ligado ao Teatro Experimental do Negro.* 2ª. Edição. São Paulo: Editora 34, 2003.

RAMOS, Lázaro. *Na minha Pele.* São Paulo: Ed. Objetiva, 2017.

DOUXAMI, Christine. *Teatro Negro:* a realidade de um sonho sem sono. *Afro-Ásia,* núm. 26, 2001, pp. 313-363 Universidade Federal da Bahia Bahía, Brasil.

SANTOS, Joel Rufino. *Carolina Maria de Jesus:* uma escritora improvável. Rio de Janeiro: Garamond, 2009.

SPOLIN, Viola. *Improvisação para o teatro.* São Paulo: Editora Perspectiva, 2014.

Web Sites

Diretrizes Nacionais – ver em
http://www.acaoeducativa.org.br/fdh/wp-content/uploads/2012/10/DCN-s-Educacao-das-Relacoes-Etnico-Raciais.pdf , acesso em 20/10/2017.

Componentes Currirulares – Língua Portuguesa, ver em
file:///C:/Users/User/Downloads/LP%20(4).pdf, acesso em 10/12/2017.

Componentes Curriculares – Arte, ver em
file:///C:/Users/User/Downloads/ARTE%20(1).pdf, acesso em 10/12/2017.

Currículo da Cidade – Artes ver em
http://portal.sme.prefeitura.sp.gov.br/Portals/1/Files/44685.pdf, acesso em 12/02/2018.

Curriculo da Cidade- Língua Portuguesa, ver em
http://portal.sme.prefeitura.sp.gov.br/Curriculo-da-Cidade, acesso em 12/02/2018.

6. O SAMBA E A CULTURA AFRO-BRASILEIRA NA ESCOLA

Apresentação

A proposta da docência envolvendo o samba e a cultura afro-brasileira foi feita pelo Prof. Jefferson, também músico e hoje membro de nossa equipe de pesquisadores, em parceria com a Profa Maria Inez de Souza, de língua portuguesa. Iniciaram as atividades com os(as) alunos(as) da EJA(6ª série/7°ano), com poemas e canções de samba relacionados à temática da moradia, acompanhados de canto e batuque, tendo o Prof. Jefferssson à frente tocando cavaquinho. Como o objetivo era trabalhar o letramento, procuraram fazê-lo tornando o aprendizado mais dinâmico e significativo. Conseguiram, a partir das músicas, trabalhar o uso de estrofes e rimas, o sentido conotativo das expressões poéticas, além de suscitar uma atitude social ativa, permitindo que o(a) aluno(a) enfrentasse de outro modo a condição de vulnerabilidade social a que estavam sujeitos, sobretudo quando as possibilidades de empregabilidade são menores.

A temática moradia constitui um eixo presente nas orientações curriculares desta etapa do ensino e a ideia foi trabalhar este tema no letramento dos(as) alunos(as) por meio de diversas canções de samba, cujas problemáticas sociais abordadas remetiam invariavelmente às questões sociais do presente, sobretudo no que diz respeito às precárias condições de vida nas periferias. O eixo moradia foi uma questão que pode ser problematizada e relacionada às questões de pertencimento étnico-racial, às desapropriações e ações violentas do Estado por reintegração de posse e outras formas de violência que se perpetuam até hoje na periferia atingindo particularmente a juventude negra.

O samba e a cultura afro-brasileira nas escolas[1]

Jefferson Barbosa[2]

Este trabalho foi realizado no ano de 2017 com uma turma da EJA- (Educação de Jovens e Adultos), formada por pessoas de diferentes idades, em sua grande maioria com idade acima de quarenta anos. Observe-se que a temática moradia constitui um eixo presente nas orientações curriculares desta etapa do ensino e a ideia foi trabalhar este tema no letramento dos alunos por meio de diversas canções de samba, cujas problemáticas sociais abordadas remetiam invariavelmente às questões sociais do presente, sobretudo no que diz respeito às precárias condições de vida de um modo geral nas periferias. O eixo moradia foi uma questão que pode ser problematizada e relacionada às questões de pertencimento étnico-racial, às desapropriações e ações violentas do Estado por reintegração de posse e outras formas de abuso de poder que se perpetuam até hoje na periferia atingindo particularmente o jovem negro. O trabalho foi feito sempre com música, canto e batuque, acompanhado do cavaquinho do Prof. Jefferson. Por meio da parceria com a Profa. Inez, foram feitas diversas atividades, como: interpretação das músicas, leitura e escrita, sempre envolvendo questões vivenciadas pelos alunos em seu dia-a-dia.

Nas aulas de EJA, deparamo-nos com pais e mães de família que traziam consigo um vasto conhecimento adquirido pelos anos de vida, um conhecimento não formal valiosíssimo que foi fundamental para o enriquecimento das aulas. O trabalho foi desenvolvido na EMEF Saturnino Pereira, com o objetivo de contribuir para a alfabetização e valorizar o letramento dos alunos. As atividades realizadas foram voltadas para a melhoria da leitura e escrita dos estudantes. Em

---

1 Trabalho desenvolvido em docência compartilhada com a profa. Maria Inez de Souza, junto aos alunos do EJA, 3º TB, na EMEF Saturnino Pereira.

2 Professor de ciências, músico e pesquisador.

nossos diálogos sobre as letras das músicas, os alunos puderam ter acesso às memórias de suas experiências individuais e coletivas.

A partir do tema moradia, selecionamos as seguintes músicas para o diálogo com os alunos: Moro onde não Mora ninguém (Agepê), Muros e Grades (Engenheiros do Havaí), Nomes de Favela (Paulo Cesar Pinheiro), Travessia (Milton Nascimento), Moradia (Tião Carreiro e Pardinho). Com exceção das músicas Muros e Grades e Travessia, para as quais utilizamos um rádio para ouvi-las, todas as outras músicas foram cantadas e tocadas em sala de aula ao vivo: entregávamos a fotocópia das letras e os estudantes iam cantando junto conosco. Um dos alunos, em algumas aulas, acompanhou as músicas tocando pandeiro e em outros momentos, tocando tamborim. Eles enriqueceram as aulas com diferentes saberes provenientes de suas experiências de vida, principalmente durante as reflexões da música Travessia, de Milton Nascimento. A música fala sobre alguém que perdeu a pessoa amada, o que fez com que os alunos relatassem também suas experiências de terem perdido alguém, etc. Durante a aula com os instrumentos de percussão, na qual a intenção era trabalhar a coordenação e o ritmo dos alunos, um deles comentou sobre a impossibilidade de se afinar instrumentos de percussão em uma nota específica, pontuamos, entretanto, que alguns instrumentos de percussão era possível sim e mencionamos que o xilofone era um deles, o pandeiro de nylon era outro exemplo, também. Assim, chegamos à conclusão de que não há saberes mais ou menos importantes e sim, saberes diferentes. Respeitando a oralidade do conhecimento não formal, que os alunos aprenderam fora da escola e que surgia em vários momentos durante as aulas, principalmente nos momentos de interpretações das músicas, pudemos articular a experiência de vida ao conhecimento formal valorizando e potencializando assim as diferentes vivências de cada estudante.

A participação dos alunos foi intensa, seja lendo, seja cantando ou desenvolvendo outras atividades. Todo o trabalho propiciou uma importante aproximação entre os integrantes da comunidade escolar, melhorando também a relação entre professor/aluno. Em uma das atividades desenvolvidas, os estudantes receberam uma fotocópia de uma das músicas com duas lacunas em alguns dos versos: na primeira lacuna, deveriam completar o verso com a palavra que estava faltando e na segunda, deveriam colocar outra palavra que rimasse com aquele verso. Foi uma atividade desenvolvida pela professora Inez e os estudantes realizaram-na em grupos, para depois cantar, ler e pensar juntos sobre qual seria uma outra palavra que rimaria com aquele verso. Alguns estudantes já conheciam alguns sambas que cantamos em sala de aula, como por exemplo: Moro onde não mora ninguém (Agepê), Conselho (Almir Guineto) e Sorriso negro (Dona Ivone Lara). Alguns sabiam tocar instrumentos de percussão, como: pandeiro, tamborim e surdo, por isso, foram estimulados a trazer esses conhecimentos para a aula auxiliando na leitura e escrita, contribuindo também para a socialização e interação entre os envolvidos.

O samba em sala de aula foi, de fato, um facilitador para a alfabetização e letramento dos alunos, uma vez contribuiu significativamente para a aprendizagem e interação entre eles. O projeto envolveu todos os alunos, permitindo que trabalhássemos com diferentes idades e culturas. Aqueles que costumavam ser pouco participativos, passaram a adotar uma postura diferente na medida em que respeitamos os ritmos de aprendizagem de cada um e fomos valorizando as contribuições que estes traziam da própria experiência.

O samba e as atividades desenvolvidas também trouxeram a valorização da cultura afro-brasileira, demonstrando como o povo negro contribuiu para a economia e a formação cultural do país. Por meio da história do samba e do estudo das trajetórias de principais sambistas, pudemos trabalhar os processos de violência urbana que envolvem as relações raciais. Trabalhamos ainda imagens e vídeos de um quilombo ilustrando mais um tipo diferente de moradia e modo de viver entre os afrodescendentes.

Para demonstrar um recorte deste processo, segue a letra "Moro onde não mora ninguém".

Moro onde não mora ninguém
Onde não passa ninguém
Onde não vive ninguém
É lá onde moro
que eu me sinto bem
Não tem bloco na rua
Não tem carnaval
Mas não saio de lá
Meu passarinho me canta a mais linda
Cantiga que há
Coisa linda vem do lado de lá
Coisa linda vem do lado de lá
Moro onde moro
Uma casinha branca
No alto da serra
Um coqueiro do lado
Um cachorro magro amarrado
Um fogão de lenha, todo enfumaçado
É lá onde moro
Aonde não passa ninguém
É lá que eu vivo sem guerra
É lá que eu me sinto bem

O compositor Antônio Gilson Porfírio, mais conhecido como Agepê, foi um dos componentes da ala de compositores da Escola de Samba Portela, gravou diversos discos que incluía outros ritmos brasileiros como: ijexá, baião e agerê. O objetivo da aula era trabalhar, com o auxílio da música *Moro onde não mora ninguém*, as rimas, estrofes e versos que compõem a letra da música, além de treinar a leitura, escrita e a interpretação das estrofes. Foram entregues as folhas com a música e cantamos juntos algumas vezes para que os alunos relembrassem a letra. O aluno Eduardo participou da aula tocando pandeiro e cantando.

A música *Moro onde não mora ninguém*, foi um grande sucesso na vida de Agepê, canção que compôs em parceria com Canário, seu principal parceiro nas composições. Com essa música, Agepê fez um grande sucesso e estourou no ano de 1975 tornando-se conhecido pelo grande público brasileiro, principalmente pelas músicas românticas e um tanto eróticas. Alguns alunos já o conheciam porque Agepê foi sucesso na época de juventude deles. Algumas outras músicas de grande repercussão foram: *Deixa eu te amar*, *A lenda da estrela do mar*, *Ilê-aiyê* etc.

Depois de conhecer mais sobre a história de vida do compositor, os alunos tiveram uma identificação maior com a música escolhendo-a, inclusive, para uma apresentação no final do projeto com toda a turma cantando. Como durante várias aulas os alunos leram e cantaram a música, a formação do coral se deu de modo dinâmico e espontâneo. Apresentamos no pátio da escola, onde estavam presentes professores, alunos (as), gestores e funcionários. O Prof. Jefferson tocou cavaquinho e o aluno Eduardo (aluno de outra turma) tocou violão.

Antes de iniciarmos o coral, uma das alunas pegou o microfone e leu um texto falando sobre o projeto, disse que as aulas foram muito divertidas, animadas, e que contribuiu para o aprendizado da turma. Depois, outros alunos também leram frases sobre suas impressões a respeito do projeto relatando coisas positivas sobre as aulas.

Culturas ancestrais e contemporâneas na escola 223

Figuras 1 e 2: Imagens do momento da apresentação, primeiro semestre 2017

Figura 3: Ensaiando a música moro onde não mora ninguém

Outra música que utilizamos foi *Travessia* (Milton Nascimento). Segue a letra adiante:

Quando você foi embora fez-se noite em meu viver
Forte eu sou, mas não tem jeito
Hoje eu tenho que chorar
Minha casa não é minha e nem é meu este lugar
Estou só e não resisto, muito tenho pra falar
Solto a voz nas estradas, já não quero parar
Meu caminho é de pedra, como posso sonhar
Sonho feito de brisa, vento vem terminar
Vou fechar o meu pranto, vou querer me matar
Vou seguindo pela vida me esquecendo de você
Eu não quero mais a morte, tenho muito o que viver
Vou querer amar de novo e se não der não vou sofrer
Já não sonho, hoje faço com meu braço o meu viver
Solto a voz nas estradas, já não quero parar
Meu caminho é de pedra, como posso sonhar
Sonho feito de brisa, vento vem terminar
Vou fechar o meu pranto, vou querer me matar
Vou seguindo pela vida me esquecendo de você
Eu não quero mais a morte, tenho muito o que viver
Vou querer amar de novo e se não der não vou sofrer
Já não sonho, hoje faço com meu braço o meu viver.

Esta música foi utilizada para trabalhar a oralidade e a interpretação dos alunos. Discutimos bastante sobre esta canção e sobre quem seria a pessoa que o autor havia perdido - o pai, a mãe, a esposa ou uma outra pessoa não menos importante. A grande maioria dos estudantes achou que se tratava de uma mulher que poderia ser a esposa ou namorada, mas, ao mesmo tempo, eles iam relatando questões das suas próprias vidas, as experiências de terem perdido alguém importante em suas vidas. Esta canção fez um dos alunos nos relatasse a perda de seus pais enquanto viviam no Rio de Janeiro, outros também relataram situações de perda na família e uma aluna em particular destacou que algumas pessoas que se foram em sua vida, não deixaram saudades. No final, chegamos à conclusão que perder uma pessoa amada exige encontrar forças para seguir adiante e é disso que a música trata.

Figura 4: Desenvolvendo atividades na sala

Figura 5: Desenvolvendo atividade em sala e cantando

A música Moradia (Tião Carreiro e Pardinho) foi outra canção utilizada no projeto. Acompanhem a letra:

Eu moro lá num recanto onde ninguém me amola
Numa casa ao pé da serra mora eu e a viola
O Sapo mora no brejo, o sabiá na gaiola
Minha voz mora no peito e meus versos na cachola
Tatu mora no buraco, aranha mora na teia
O anel mora no dedo, o brinco mora na oreia
Coração mora no peito o sangue mora na veia
Gente boa mora em casa criminoso na cadeia
Porco mora no chiqueiro o boi mora na invernada
Pescador mora no rancho boiadeiro na estrada
Boêmio mora na rua sereno na madrugada
A lua mora no céu e o vento não tem morada
A perdiz mora no campo o bentevi no sertão
Baleia mora no mar lambari no ribeirão
Rato mora no paiól o morcego no porão
Eu moro nos braços dela e ela em meu coração
Palhaço mora no circo a rima na poesia
O Uirapuru lá na mata na festa mora a alegria
O rico mora no centro pobre na periferia
Num casebre em Nazareth morou a Virgem Maria

Esta canção era de autoria de Tião Carreiro, Vanerão de Nhô Chico, Craveiro. A letra se refere a um contexto de moradia de interior, de fazenda, de rancho e outras nomenclaturas que remetem a um lugar de pertencimento. Sensibilizados com a música, os alunos começaram a trazer experiências que expressavam a sua relação com o ambiente. Falaram dos banhos de rio que já tomaram, das frutas tiradas do pé das árvores, dos encontros com os animais silvestres e até mesmo da relação com os bichos criados pela própria família. Cantamos a música e os alunos foram acompanhando a letra, estrofe por estrofe. Em seguida, formamos alguns grupos e entregamos umas filipetas contendo a letra da música separada em versos. Conforme os alunos iam organizando as filipetas em uma folha, a letra da música ia adquirindo novos sentidos em meio aos relatos trazidos pelas pessoas do grupo.

Figuras 6 e 7: Desenvolvendo atividades na sala

Para auxiliá-los, cantamos a primeira estrofe e conforme eles iam terminando, íamos cantando as demais. Alguns tiveram mais dificuldade e outros terminaram rapidamente.

Os alunos desenvolveram a leitura e exploraram outros aspectos que são encontrados em uma canção, como a rima, o verso, a estrofe. Sobre a organização estrutural da letra, a professora Maria Inez já vinha trabalhando este assunto em sala e reforçamos esta questão utilizando a música para auxiliar no aprendizado dos alunos.

Figura 8: Cantando com os alunos: atividade em sala desenvolvida em grupo

Levamos alguns instrumentos musicais de percussão para a sala de aula - como agogôs, tamborins e surdos - a fim de trabalhar o ritmo e a linguagem dos alunos. Falamos sobre cada instrumento e fizemos uma demonstração de como se tocava cada um. Retomamos as canções que foram utilizadas nas aulas anteriores e relembramos as atividades que fizeram anteriormente. A professora Inez trouxe as folhas com as músicas e os alunos novos puderam acompanhar o processo do grupo e aprender as canções. Os educandos aprenderam a fazer a marcação do tempo de cada verso e estrofe com os instrumentos sem perder o ritmo da música. Todos participaram, seja cantando, tocando ou batendo palmas. Esta atividade exigiu paciência e coordenação dos alunos.

Figuras 9 e 10: Instrumentos feitos com materiais reciclados

Culturas ancestrais e contemporâneas na escola 229

Figura 11: Instrumentos feito com materiais reciclados

Figura 12: Demonstrando como se toca o tamborim

Figuras 13, 14 e 15:
Nas três imagens acima, alunos treinando o ritmo e coordenação com os tamborins, agogôs e palmas.

Além dos Agogôs e tamborins, a professora Inez confeccionou alguns instrumentos utilizando materiais recicláveis diversos. O agogô é um instrumento que se originou na África Ocidental e foi incorporado à nossa cultura, principalmente, pelas rodas e escolas de samba.

O Quilombo de Bombas

Nesta aula, o objetivo foi mostrar e discutir sobre um tipo de moradia bem diferente da qual estávamos acostumados nas grandes cidades. Para isso, exibimos um vídeo sobre o Quilombo de Bombas, mostrando a forma de vida dos quilombolas e sua cultura de subsistência. O quilombo fica localizado na cidade de Iporanga no interior de São Paulo e o vídeo foi apresentado em uma matéria do programa Rota do Sol da TV Tribuna. Esse vídeo teve uma importância muito grande, porque através dele foi possível discutir como determinados costumes tradicionais dos antigos negros escravizados foram reproduzidos e reapropriados pelos quilombolas, resultando em um modo de vida rural, porém, marcado por uma forma coletiva de produção da vida social e econômica. O vídeo exemplificou a dificuldade da equipe de reportagem para chegar até o quilombo dando margem para uma discussão sobre os motivos pelos quais o Quilombo de Bombas se encontrava tão afastado do mundo urbano. As condições de isolamento mantidas por esta comunidade remetiam a uma contextualização histórica sobre a necessidade de se manter longe dos olhares dos senhores e do Estado.

Na atualidade, refletimos sobre o que significava morar longe da cidade, que também trazia algumas implicações em relação ao acesso a alguns equipamentos públicos. O atendimento médico, por exemplo, era uma das principais dificuldades desta comunidade. Em contrapartida, os alunos observaram que, provavelmente, eles ficavam menos doentes, pois moravam cercados pela Mata Atlântica, plantavam seus alimentos livres de agrotóxicos e respiravam um ar mais puro que o da cidade. Assim, ainda que morar longe trouxesse algumas limitações, os quilombolas de diferentes idades que foram entrevistados diziam não ter interesse em ir morar no contexto urbano. Prefeririam o lugar onde moravam, mesmo sendo simples, sem energia e com poucos recursos materiais. O vídeo teve a duração de aproximadamente quarenta minutos e depois passamos um outro vídeo da Cidade Tiradentes SP de três minutos para mostrar a diferença nos tipos de moradia. A professora Inez mostrou, ainda, uma imagem aérea da favela Paraisópolis - SP e, ao lado, um condomínio de luxo localizado nas proximidades, abordando os contrastes sociais na cidade. Os alunos reconheceram as regiões da cidade de São Paulo que o vídeo mostrava. No final da aula, um aluno ponderou sobre a importância daqueles conhecimentos, mostrando modelos de moradia distintos da vida agitada que se levava nas cidades. Ao mesmo tempo, ficou claro que algo do passado não mudou – os negros sendo obrigados, seja no quilombo, seja nas grandes cidades, a morar distante dos equipamentos públicos.

Figura 16: Professora Inez mostrando a imagem aérea da favela Paraisópolis na cidade de São Paulo.

Culturas ancestrais e contemporâneas na escola 233

Figura 17: Professora Inez mostrando a imagem aérea da favela Paraisópolis na cidade de São Paulo.

Figura 18: Interpretando o filme com os alunos

Figuras 19, 20 e 21: Nas quatro imagens acima os alunos treinavam a oralidade para expressar a interpretação que cada grupo teve sobre uma musica que eles escolheram para cantar para toda a sala

Bibliografia:

http://agenciabrasil.ebc.com.br/geral/noticia/2017-12/populacao-carceraria-do-brasil-sobe-de-622202-para-726712-pessoas

COSTA E SILVA. Alberto. "Um Brasil, muitas Áfricas; *Iorubás e ambundos foram importantes na formação do Brasil, mas apenas uma parte de um grande coro, composto de gente de quase toda a África subsaariana*". Revista de História da Biblioteca Nacional, 2012. Disponível em http://www.revistadehistoria.com.br/secao/dossie-imigracao-italiana/um-brasil-muitas-africas. Acesso em fevereiro de 2017.

LOPES, Nei; SIMAS, Luiz A. *Dicionário da História Social do Samba*. 1. ed. Rio de Janeiro: Civilização Brasileira, 2015.

NETO, Lira. *Uma História do Samba:* as origens. 1. ed. São Paulo: Companhia das Letras, 2017, p. 11-42.

REIS, João José. Ameaça negra - Escravos fugidos assombravam a Colônia e inspiraram lendas que a História não confirma João José Reis. *Revista de História*. 14/06/2008. Acesso em08/09/2017:http://www.historia.uff.br/impressoesrebeldes/wp-content/uploads/2017/02/Amea%C3%A7a-negra-Revista-de-Hist%C3%B3ria.pdf.

WAISELFISZ, J. J. *Mapa da violência 2016: homicídios por armas de fogo*. Brasília: Ministério da Justiça e Cidadania, Secretaria Especial de Políticas de Promoção da Igualdade Racial (SEPPIR); Secretaria de Governo da Presidência da República, Secretaria Nacional de Juventude (SNJ); Flacso Brasil, 2016.

7. GRIOT DIGITAL: RESSIGNIFICANDO A ANCESTRALIDADE AFRO-BRASILEIRA NA EDUCAÇÃO

Apresentação

O trabalho desenvolvido pela orientanda de Doutorado Elaine Cristina Moraes Santos, com a Profa. Vilma Nardes, com formação em história e responsável pela sala de informática, buscou explorar o uso das TCI´s (Tecnologias da Comunicação e Informação) na escola do ponto de vista da formação étnico-racial. Neste sentido, os dispositivos digitais foram pensados para promover uma intervenção voltada a uma proposta psicodinâmica que estimulasse o protagonismo social, de modo que os (as) alunos(as) pudessem assumir uma postura ativa, criativa e engajada frente aos aparelhos. O termo *Griot* digital, neste caso, sugere um aparente paradoxo conceitual que sustenta a possibilidade da articulação entre a oralidade e a imagem, o passado e o presente, o esquecimento e a memória, cuja apropriação se deu a partir de uma experiência educativa tecnológica que procurou criar uma nova narrativa para a (re) construção da identidade étnico-racial.

Considerando que esses aparatos digitais exercem um intenso poder de atração entre os(as) jovens, o objetivo deste trabalho foi explorar as possibilidades de uso a partir da construção de um conhecimento crítico que se vinculasse às experiências individuais e coletivas de alunos(as) e professores(as). Posteriormente, este desafio se entrelaçou com a proposta de desenvolvimento dos TCA´s (Trabalho Colaborativo Autoral), com vistas a uma intervenção social. A discussão racial foi inserida de maneira transversal, a partir dos temas que os alunos escolheram para pesquisar, como: drogas, lixo, internet e crime. Todas as atividades foram pensadas no intuito de atribuir um sentido para a pesquisa, de forma que os alunos se sentissem instigados a atuar nas problemáticas sociais identificadas no ambiente onde moravam e estudavam. A colaboração da pesquisadora e mestranda Lorena Souza foi fundamental nesse processo, uma vez que sua experiência com o teatro permitiu que os(as) alunos explorassem seus temas de investigação através do corpo e da vivencia teatral. Deste modo, os adolescentes foram recompondo suas memórias individuais, coletivas e ancestrais, por meio das potencialidades polissêmicas e semânticas da palavra, da imagem e da experiência corporal, construindo novas referências de si e de seu espaço de pertencimento.

Griot Digital: ressignificando a ancestralidade afro-brasileira na educação[1]

Elaine Cristina Moraes Santos[2]

O que significa Griot?

Em alguns países africanos, *Griots* eram os responsáveis por guardar e transmitir a sabedoria, a tradição e a história de seu povo, sendo também conhecidos como bibliotecas vivas e guardiões da cultura. Com maior predominância na África Ocidental, os *Griots* são identificados como artistas populares, como poetas, músicos, conselheiros, contadores de histórias ou feiticeiros. Estes mestres, muito mais antigos que a própria escola, nos ensinam o poder de formação presente na arte da transmissão oral sedimentada nas tradições e costumes populares. De acordo com Niane (1982), os impérios sudaneses, conhecidos como Império de Mali[3] ou Mandinga,

---

1 Em Docência Compartilhada com a Profa Vilma Nardes da EMEF Roberto Mange.

2 Pesquisadora e doutoranda junto ao Programa de Pós-Graduação em Educação da FEUSP, sob orientação da Profa. Dra. Mônica do Amaral.

3 No auge do Império do Mali (séc. 14) que ocupava a zona do Chad e Níger até ao Mali de hoje e Senegal. O império foi fundado por SundiataKeita. No épico de Sundiata, o rei NareMaghannKonaté ofereceu a seu filho Sundiata, um *griot*, BallaFasséké, para assessorá-lo em seu reinado. BallaFasséké é considerado o fundador da linha Kouyaté de *griots*. (NIANE,1982). *In*: NIANE, D.T. *Sundjata ou A epopeia Mandinga: romance*. São Paulo: Ed. Ática, 1982.

podem ser considerados o berço dos *Griots*, sendo o local em que se perpetuaram as tradições ancestrais. Na tradição africana, a palavra falada é a expressão viva da memória coletiva de um grupo, sendo que a oralidade não implica na ausência de capacidades relacionadas ao universo da escrita, mas apenas o pertencimento a um mundo distinto, no qual predomina a força da transmissão oral enquanto forma de preservação e de enraizamento das narrativas e conhecimentos passados de geração em geração.

O Projeto Griot Digital se utilizou de recursos contemporâneos de reprodução da imagem - como a fotografia, vídeos e internet - para despertar novas narrativas do passado individual e coletivo dos (as) alunos (as). Assim, embora a sociedade em rede caminhe em direção a uma cultura globalizada, neoliberal e homogeneizante, em que o passado tende a ser esquecido, a subversão desta lógica torna-se possível por meio da reelaboração da experiência e de um saber ancestral - representado simbolicamente pela figura do *Griot* - que podem ser viabilizados pela exploração das potencialidades contemporâneas digitais. Para tanto, apresentamos uma abordagem metodológica baseada em uma experiência empírica, realizada durante dois anos na disciplina de informática, com alunos (as) de 8º/9º anos do ensino fundamental. Este trabalho teve três momentos que se complementam e se distinguem de modo dialético:

1. O reconhecimento da identidade individual e coletiva
2. A conexão entre o ancestral e as culturas juvenis contemporâneas
3. Ressignificação da imagem e do espaço de pertencimento

Cada momento será descrito de maneira detalhada, contudo, tomamos o cuidado para que este livro não vire apenas mais uma cartilha a ser entregue ao professor. Entendemos que as tecnologias digitais trazem uma fonte inesgotável de informação que surge a todo instante, por isso nas sugestões de atividades estamos apenas indicando um caminho de pesquisa para que cada educador possa encontrar o conteúdo que se adeque a sua experiência na sala de aula. Assim, algumas lacunas em termos de referências que utilizamos na pesquisa podem ser encaradas como propositais, no intuito de fazer com que este material não propicie uma mera reprodução de atividades, mas que represente um caminho aberto para que o educador busque outras fontes que fará sentido para o seu grupo, diante da troca estabelecida com cada um.

O reconhecimento da identidade individual e coletiva

Objetivos:

Atividades que permitam o compartilhamento da história de vida de cada aluno (a) e que promovam o reconhecimento de uma identidade coletiva.

Estimular a troca de experiências que remetam a situações do passado e do presente.

Relacionar as narrativas pessoais às questões sócio históricas que permeiam a questão étnico-racial.

Sugestão de atividade

Você já ouviu falar na árvore do esquecimento?

O Baobá é considerado uma árvore sagrada da África, possuindo um dos troncos mais grossos do mundo. Dependendo do seu tamanho, é preciso mais de 100 pessoas adultas de mãos dadas para poder abraçá-la. Ela é considerada uma das árvores mais antigas da terra e seus galhos aparentam raízes de cabeça para baixo. Sua beleza parece demonstrar a importância do enraizamento como um dos mais antigos ensinamentos da natureza. A união das raízes sustentadas pela terra com os galhos que mais parecem raízes que se sustentam no ar é intermediada por um tronco largo e oco, no qual a planta acumula água. Este tronco é capaz de matar a sede de muitos africanos que no período de estiagem, abrem um buraco no caule para beber água. A lenda conta que antes dos africanos embarcarem no navio negreiro, para serem escravizados no Brasil, eles realizavam um ritual que simbolizava a experiência daquela travessia pelas águas do Atlântico, aprisionados no navio negreiro. A cada volta ao redor da árvore, eles receberam uma palavra de ordem para que deixassem naquele lugar e continente, todas as pessoas que fizeram parte de seu passado, enterrando no Baobá todos os planos, sentimentos e experiências que os impedissem de viver o árduo futuro que os aguardavam. Assim, o Baobá passou a ser chamado de árvore do esquecimento, pois os escravizados teriam deixando ali toda sua memória. Aqui no Brasil, estes assumiram outros nomes e uma identidade muito diferente daquela deixada aos pés do Baobá. O nome que identificava a vida e trajetória singular de cada um, foi trocado por outro, que identificava a crueldade de torná-los objetos em série na mão de senhores incapazes de reconhecer o valor de suas histórias. Os frutos colhidos de tantas histórias enterradas, se multiplicam entre a vida de muitos Joãos, Marias, Santos, Silva, Souza, Ferreira, Batista e diversos outros nomes e sobrenomes, batizados por famílias que se apropriaram desses homens e mulheres que formam uma nação entrelaçada com a história desta árvore. O ensinamento que fica dos Baobás, como um dos elementos da natureza mais antigos do mundo, mostra que, alguém muito curioso em investigar sua própria história, não temendo dar diversas voltas em torno da trajetória de dor que formam suas raízes, certamente encontrará muitas histórias não contadas, mal contadas ou que merecem ser recontadas.

Baobá Africano. Fonte: pixabay

Como fazer?

Primeira etapa: Solicitar aos alunos (as) que investiguem a história do primeiro nome, bem como seu significado, e, posteriormente, realizar uma pesquisa na internet sobre a origem de cada sobrenome.

Segunda etapa: Compartilhamento das experiências e algumas questões que podem ser suscitadas:

O nome que nos foi atribuído e pelo qual somos chamados carrega uma história individual e uma história coletiva. Que história individual e coletiva é essa? Com base na história do Baobá, que tipo de identidade coletiva fomos obrigados a esquecer? E por que será que quiseram que ela fosse esquecida? Trazer à tona este conhecimento que foi esquecido e negado influenciaria de alguma maneira nossa história individual? Saber sobre um passado que foi convenientemente apagado poderá de alguma forma ressignificar o nosso nome, nossa identidade ou nossa história?

Relato da experiência vivenciada na sala de aula:

"Quando contamos a história do Baobá, ainda estávamos em um processo de aproximação entre pesquisador, professor e aluno (a). No começo, não foi nada fácil, muitos adolescentes ficavam inquietos e faziam brincadeiras durante as aulas. Mas apesar das resistências apresentadas no início, um dia fomos surpreendidos (as) com o retorno que os (as) alunos (as) deram em relação a esta atividade. No início do segundo semestre, após as férias do mês de julho fizemos uma retrospectiva de tudo que havíamos aprendido até então. Surpreendentemente, os (as) alunos (as) se lembraram de cada atividade. Quando perguntei sobre a primeira atividade que realizamos, um aluno prontamente respondeu – "foi sobre a árvore" e, logo, foi dizendo as diversas características relativas ao Baobá. Acredito que, o fato de os (as) alunos (as) se lembrarem de uma atividade realizada há tempos atrás, pode ser um sinal de que, de algum modo, a história produziu algum efeito."

Elaine Santos – Pesquisadora

CONEXÃO ENTRE O ANCESTRAL E AS CULTURAS JUVENIS CONTEMPORÂNEAS

Objetivos:

Trabalhar com clipes, músicas e vídeos que despertem o potencial crítico dos (as) adolescentes sobre o processo de escravidão, as lutas abolicionistas e de resistência do negro, o papel da República na institucionalização do racismo e as representações do negro no Brasil.

Buscar referências de músicos e artistas que representem a juventude negra e periférica que têm se utilizado da tecnologia para se reinventar e criar seu próprio repertório cultural, enquanto espaço de afirmação étnica, social e política.

Explorar os limites e possibilidades que a internet proporciona estimulando os (as) alunos (as) a assumirem uma postura crítica, ativa, criativa e engajada frente a estes aparelhos.

Sugestão de atividade:

Letra: Serviço de Preto / Música de Daniel Garnet e Peqnoh

Imagine que você vive em harmonia
É livre tem pai e mãe, tem filho e filha
Num clique, numa armadilha, alguém te oprime
Regime que te humilha e te suprime
Reprime te aprisionando com gargantilhas
Presilhas, correntes não são bijuterias
Desiste, no porão negreiro o sol não brilha
Evite olhar pra trás no mar não ficam trilhas
É triste ser separado da sua família
Progride a viajem em direção a ilha
Decide, calar-se ou apanhar por milhas
Não grite, aqui ninguém fala a sua língua
Seu tempo já não é dos astros e do universo
E sim a pressa do opressor que presa o progresso
Despreza o seu credo menospreza o seu costume
O clero impõe a crença e quer que você se acostume
A ser um bom escravo, e ao fim da vida ir pro paraíso
A gente já vivia nele antes disso
O que nos resta agora: trabalhar sem dia, sem hora
Sem escala, cem horas por semana, sem grana
Sem nada, sem pausa, com náusea, sem causa,
Com trauma são pretos ditos sem alma
Em jaulas chamas senzalas
Sem ganho, sem banho, o cheiro de morte exala
"éramos guerreiros príncipes e camponeses,

Agora nos denominam vagabundos, viajamos
Nos navios negreiros por meses, nosso mundo
Novo, agora é o novo mundo"
(Refrão) Eu vou viver, eu vou vencer, vou chegar lá e nunca vou
deixar de lutar...

Pesquisadora Elaine Santos apresentando o álbum de Daniel Garnet e PeQnoh

Como fazer?

Primeira etapa: Pedir aos adolescentes que escolham trechos que mais chamam a atenção nas músicas de *rap* e estabelecer um diálogo entre o que diz a letra, as experiências dos (as) alunos (as) e os fatos históricos.

Segunda etapa: Selecionar os trechos escolhidos pelos (as) alunos (as) e para cada trecho elaborar perguntas que tragam referências históricas que se vinculem com a experiência individual dos (as) adolescentes. Nesta parte da atividade, os (as) jovens vão ter a oportunidade de se aprofundar no conteúdo proposto pela letra da música, além de ampliar suas percepções históricas coletivas e individuais. As respostas às perguntas poderão ser pesquisadas pelos (as) alunos (as) na internet.

Exemplo: Trecho 1: *Imagine que você vive em harmonia. É livre tem pai e mãe, tem filho e filha. Num clique, numa armadilha, alguém te oprime. Regime que te humilha e te suprime*

Questão: No Brasil, a escravidão teve início com a produção de açúcar na primeira metade do século XVI. Os portugueses traziam os negros africanos de suas colônias na África para utilizá-los como mão-de-obra escrava nos engenhos de açúcar do Nordeste. Os comerciantes de escravizados portugueses vendiam os africanos como se fossem mercadorias. Os mais saudáveis chegavam a valer o dobro daqueles mais fracos ou mais velhos. O transporte era feito da África para o Brasil nos porões dos navios negreiros. Amontoados, em condições desumanas, muitos morriam antes de chegar ao Brasil, sendo que seus corpos eram lançados ao mar.

A partir do texto acima, quais outras situações de violência, castigos e humilhações os escravizados sofreram?

E hoje, que tipo de humilhação e violência o negro sofre?

E você? Já sofreu alguma situação de humilhação ou violência? Conhece alguém que já sofreu?

Trecho 2: Não grite, aqui ninguém fala a sua língua

Questão: Os negros que se estabeleceram no Brasil no período colonial vieram de vários pontos da África. Os colonizadores os dividiam em grupos diferentes, para que eles tivessem mais dificuldades de se comunicar entre si e deste modo, não conseguissem se rebelar. Cerca de 300 línguas africanas foram trazidas para o Brasil, sendo que já existiam mais de 1000 tipos de línguas indígenas. Mesmo obrigados a falar a língua de seus dominadores, os africanos conseguiram reinventar o português, influenciando diversas palavras de nosso vocabulário. Só na Bahia, registram-se 5000 vocábulos de origem africana.

Cite 5 palavras que possuem origem africana?

Algumas palavras adquiriram tom pejorativo simplesmente porque eram de origem africana. Cite pelo menos 3 delas.

Assim como "Serviço de Preto", outros termos, frases e citações populares que se referem ao preto ou negro também carregam uma conotação preconceituosa. Muitas delas estão impregnadas no nosso vocabulário e em nossa língua portuguesa. Você sabe dizer algumas delas? Você alguma vez já foi se sentiu ofendido com algum apelido ou palavra que falaram para você?

Trecho 3: Eu vou viver, eu vou vencer, vou chegar lá: e nunca vou deixar de lutar.

Questão: Quais são as principais desafios enfrentados hoje, pelo jovem, negro, morador da periferia de São Paulo? Qual o seu sonho? O que pretende fazer para *vencer e chegar lá*?

Trecho 4: Demonizaram as crenças, padronizaram a cultura Inventaram doenças, democratizaram a escravatura

Questão: Que crenças são essas? Como as crenças da cultura afro são vistas pela maioria das pessoas? Por que?
O que a música quer dizer com padronizaram a cultura?
Como você vê as religiões de matrizes africanas? Por quê? Você já frequentou algum terreiro? O que você sabe destas religiões e quem te falou sobre elas?

Trecho 5: Fomos escravos de ganho: mas, pro ganho de quem? Trabalhamos para os senhores sem ganhar um vintém. Fomos agricultores, construtores, estrategistas. Somos produtores, professores, cientistas...

Questão: Quais os principais heróis negros de nossa história? E por que eles foram importantes? Quais as pessoas da internet ou da televisão que você admira? Por que?

Observação: Esta atividade poderá ser realizada com outras letras de músicas do movimento *hip-hop*. Para a elaboração das perguntas é importante levar em consideração a história individual e coletiva do afrodescendente para que este possa, cada vez mais, ir relacionando suas experiências a partir de uma perspectiva histórica e social.

Terceira etapa: A partir dos trechos escolhidos por eles na primeira etapa, estimule-os a recriar uma rima de rap de própria autoria pautados na história individual e nos conhecimentos adquiridos ao longo do processo.

Composição dos (as) alunos (as):
"Felipe[4] é nome de príncipe
Mas você não vai encontrar isso no índice
Você pode procurar
Mas tenho certeza que você não vai achar
Sou louco mesmo,
Mas agora vamos ver
Se vai o primeiro guerreiro a vir enfrentar
E bater peito a peito
Perfeito, agora sou o eleito."

"Éramos pretos buscando a liberdade
Eram pessoas que buscavam a libertação
Eram escravos que lutavam pela felicidade
É *o negreiro buscando ser campeão."*

Relato da experiência vivenciada na sala de aula:
"*Trabalhamos a música Serviço de Preto durante algumas atividades e, neste processo, tivemos a oportunidade de explorar os li-*

---

4   O aluno Felipe teve uma participação muito ativa e engajada em nosso Projeto. Quando o adolescente soube da publicação deste material, ele fez questão de enviar um depoimento sobre a relevância desta experiência em sua vida – que se encontra registrada no final deste capítulo.

mites e possibilidades que a internet nos proporciona em termos de experiência para que pudéssemos, junto a questão étnico-racial, estimular o pensamento crítico quanto ao uso dos aparelhos. Em parceria com o rapper compositor da música "Serviço de Preto", os (as) adolescentes tiveram a oportunidade de estabelecer uma comunicação virtual e presencial com o cantor. Primeiramente, o rapper, foi estabelecendo um diálogo com os (as) adolescentes por meio de um vídeo, contando a história da música e do processo de criação da letra, e no final do módulo, chamamos o rapper para dar uma aula presencial aos alunos (as). Na medida do possível, tentamos explorar os sentimentos despertados em cada experiência, buscando fazer com que os (as) adolescentes discernissem que o vídeo gravado especialmente para eles e a presença real do rapper na sala de aula eram meios de se estabelecer uma comunicação entre eles, mas que não eram a mesma coisa e não produziam o mesmo efeito. Sabemos que nem sempre será possível recriar novas experiências como essa, mas foi muito bacana tudo que vivenciamos e por isso, recomendamos o processo. Os (as) alunos (as) ficaram encantados ao terem em sua frente um músico que eles tinham aprendido a admirar e, por outro lado, puderam perceber as possibilidades reais e virtuais de se aproximar de pessoas ou conteúdos diversos."

Elaine Santos – Pesquisadora

O rapper Daniel Garnet realizando um improviso junto ao aluno Caio

> "Outro momento de mudez foi ver se materializar na sala o Rapper Daniel Garnet, um dos autores da música "Serviço de Preto" que eles (as) haviam estudado, autor do vídeo personalizado com mensagens especialmente para eles e que naquele momento estava ali, adentrando a sala para participar da aula com os (as) alunos (as)."
>
> Professora Vilma Nardes

Vídeo que o rapper Daniel Garnet fez para os alunos

Momento que o músico esteve na sala de aula

RESSIGNIFICAÇÃO DA IMAGEM E DO ESPAÇO DE PERTENCIMENTO

Objetivo:
Realizar aulas de fotografia a partir de uma dimensão crítica da imagem,
Desenvolver um olhar objetivo, subjetivo e histórico da imagem,
Explorar o potencial das imagens estimulando os (as) alunos (as) a assumir uma postura ética, ativa e criativa frente a este recurso.

Sugestão de atividade:

Como fazer:

Primeira etapa: Trabalhar com conceitos básicos sobre fotografia, como: enquadramento, posição da câmera (de baixo para cima / de cima para baixo / na altura dos olhos) e luz. Caso o professor não tenha domínio destes conceitos ele poderá escolher uma vídeo aula no *youtube* sobre o assunto para assistir com os (as) alunos (as).

Segunda etapa: Discussão sobre o uso da imagem como uma expressão da nossa experiência a partir da frase: *"Nós não fotografamos apenas com os olhos ou com uma câmera. Em nossas fotografias estão os livros que lemos, os filmes que vimos, as músicas que ouvimos, as pessoas que amamos"* Ansel Adams

Terceira etapa: Trazer imagens de campanhas publicitárias, fotógrafos ou referências próximas a realidade deles que suscitem uma discussão sobre a questão racial. Em seguida peça aos alunos (as) que procure uma imagem na internet que trate do assunto. Posteriormente, os (as) alunos (as) podem tentar reproduzir no ambiente escolar uma fotografia que represente a imagem que eles escolheram na internet. Por fim, o professor pode estimular os (as) alunos (as) e falar ou escrever o que buscaram expressar através das imagens.

Relato da experiência vivenciada na sala de aula:

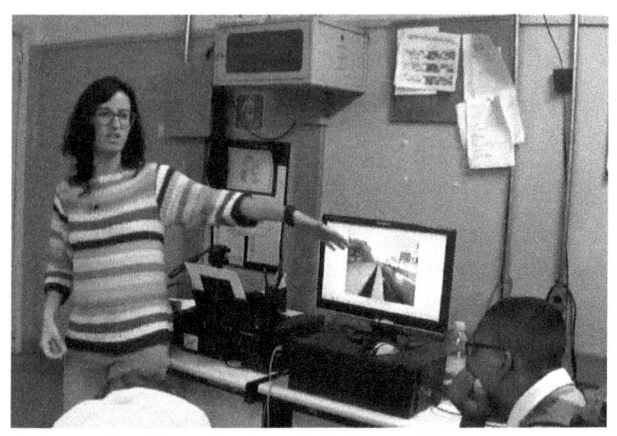

A cinegrafista Joyce dando aula de fotografia

"Nosso Projeto contava com uma cinegrafista que era responsável por registrar, filmar e editar a experiência na sala de aula. Por vezes, ela teve a função de orientar os (as) alunos (as) nos conhecimentos voltados ao repertório técnico e audiovisual. Por isso, neste primeiro momento contamos bastante com o seu apoio para introduzir conceitos básicos sobre a fotografia. Como os (as) alunos (as) gostam bastante de tirar fotos e fazer selfs, eles se interessavam muito pelo conteúdo das aulas. Saber o melhor ângulo para fazer boas imagens prendia a atenção deles. Depois apresentamos algumas fotografias de campanhas publicitarias feitas pelo fotógrafo italiano Oliviero Toscani para uma campanha da Benetton que ficaram mundialmente conhecidas nos anos 1990. Todas as imagens traziam a questão racial e os alunos foram estimulados a dizer quais eram suas impressões sobre as imagens. Em seguida, propusemos que os (as) alunos (as) encontrassem na internet alguma fotografia que chamasse a atenção deles e que tivesse relação com as questões e conceitos básicos trabalhados. Quando os (as) alunos (as) saíram da sala de aula com as câmeras na mão e buscaram reproduzir no ambiente escolar as imagens que eles haviam selecionado na internet foi uma experiência muito gostosa. Eles (as) saíram pelos corredores envolvendo as faxineiras na atividade, as crianças. As imagens ficaram muito criativas e um adolescente que constantemente revelava uma apatia muito grande em todas as aulas, demonstrou esforço e empenho neste dia. Ele selecionou uma bela foto de dois homens (um branco e um negro) e, inspirando-se nela, escreveu sobre o amor que viu representado naquela imagem. Conforme fomos nos aprofundando no tema das imagens, os (as) alunos (as) foram ficando cada vez mais envolvidos. Fomos explorando este universo a partir de uma perspectiva crítica, ética, até chegar no uso da imagem como expressão de denúncia e protesto contra o racismo e a opressão da população negra. Lembro-me que no começo do projeto os alunos não queriam ser filmados pela cinegrafista e, após algumas aulas sobre o uso da imagem, eles não apenas deixaram de apresentar uma resistência em relação à câmera, como passaram a tomar a iniciativa de filmar as aulas, auxiliando voluntariamente a cinegrafista nesta função."

Imagem da campanha trabalhada em sala de aula

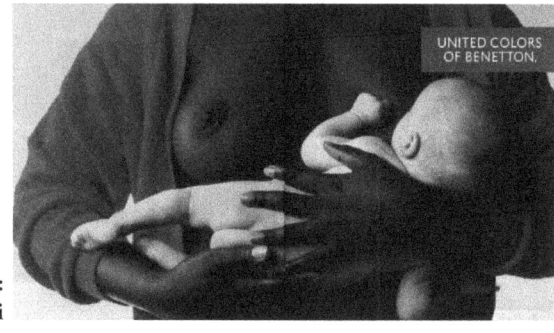

Fotógrafo: Oliviero Toscani

Título: Mulheres negras e guerreiras
Samantha Cristina Trindade Silva e Bruna Cristiane Amaral

Título: 100 Preconceito
Caio Patrick N. Cabral

Culturas ancestrais e contemporâneas na escola 255

Algumas produções dos (as) alunos (as):

Lívia Silva

Felipe Antunes

Ana Paula da Silva Ferreira e Ana Luísa Santos Silva

Flavio C. C. Silva, Bruno A. Anastácio, Adrian C. de Macedo e Pedro Henrique Couto

Quarta etapa: A partir da frase: *Uma imagem vale mais do que mil palavras?* os (as) alunos (as) devem ser instigados a pensar de maneira crítica e criativa compreendendo que a fotografia é apenas um recorte (ou versão) da realidade, podendo conter diversas interpretações e significados. Divididos em grupos diferentes, os alunos podem ser orientados a fazer registros de fotos conforme a orientação do professor, sem que os outros grupos vejam ou saibam que imagem eles estão criando. As orientações podem ser das mais simples e objetivas, como também podem ser mais complexas e subjetivas, conforme mostraremos no exemplo abaixo. O espaço e os recursos materiais disponíveis devem ser considerados para pensar nestas orientações que serão dadas aos (as) alunos (as). O ideal é que cada grupo crie uma imagem a partir da orientação do professor e, posteriormente, todos os grupos tentem identificar o que os outros quiseram mostrar através delas. Muitas interpretações vão surgir de uma única imagem e elas devem ser registradas pelo professor, para que no final os (as) alunos (as) possam visualizar todas as interpretações que foram dadas para as imagens que eles criaram.

Quinta etapa: Para explorar a dimensão ética da fotografia, o professor poderá trazer exemplos de casos em que o uso da imagem foi empregado para falsear uma realidade e manipular a opinião pública. Fotografias manipuladas de grande repercussão que circularam nas redes sociais podem ser facilmente encontradas na internet para trabalhar esta questão.

Exemplo:
Orientação: Crie uma imagem com o seu grupo que retrate o que significa ser negro na nossa sociedade.
Interpretações dadas à imagem pelos outros grupos:
"Parece uma peça de teatro!"; *"Está limpando o pé!"*; *"Engraxando o sapato!"*; *"Uma escrava!"*; *"Uma manicure!"*; *"Uma branca mandan-*

do um negro limpar os pés!"; "Racismo!"; "Uma rainha!"; "Parece que a moça está colocando um sapato na outra!" "Cinderela!"; "Sapato de cristal!"; "Romeu e Julieta!"; "Pintando a unha da princesa!"; "Uma boneca largada na cadeira!"; "Está limpando o tênis. Uma está com roupa de bruxa e outra com roupa de cinderela."; "É como se uma fosse mais rica e nobre e a outra mais pobre e limpando o tênis."

Aluna Samantha e Gleiciane representando uma imagem.

Sexta etapa: Ainda nesta perspectiva crítica da imagem, esta atividade trata principalmente da história por trás da foto. Depois de selecionadas diversas imagens de fotógrafos que tratam da questão étnico-racial os (as) alunos (as) deverão escolher uma delas para realizar a seguinte analise:

Primeiro momento: Análise material da fotografia – Tudo que é possível ver na imagem, livre de interpretação ou julgamento.
Caráter objetivo da imagem: Aquilo que é concreto.

Perguntas norteadoras: Quais são os elementos ou objetos da foto? Existem pessoas? Que roupas vestem? Quais suas expressões? Qual o ângulo da foto? Como está o foco? E a luz? A cor? Quais elementos (se houver) aparecem em segundo plano?

Segundo momento: Análise imaterial e interpretativa da fotografia

Caráter subjetivo da imagem: Baseado na interpretação do sujeito

Perguntas norteadoras: Qual o contexto da foto? Qual mensagem que a fotografia transmite? Por que você acha que esta imagem foi feita? O que você acha que o fotógrafo queria mostrar?

Terceiro momento: Pesquisa sobre o fotógrafo e sua fotografia

Caráter histórico da imagem

Perguntas norteadoras: Quem fez? Por que fez? Qual a data e localização da foto? Possui algum título ou legenda? Qual?

Abaixo, algumas imagens e fotógrafos que podem ser inspiradores para esta atividade:

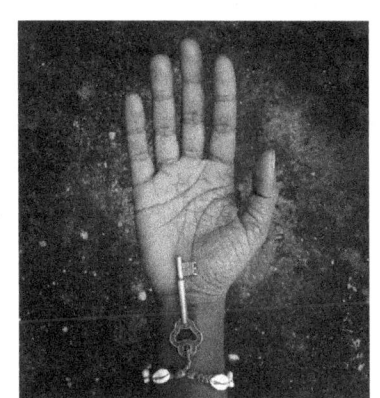

Moisés Patrício

Pierre Verger

José Christiano Junior

Sebastião Salgado

Culturas ancestrais e contemporâneas na escola 261

Marcos Tristão

Kevin Karter

Marta Azevedo

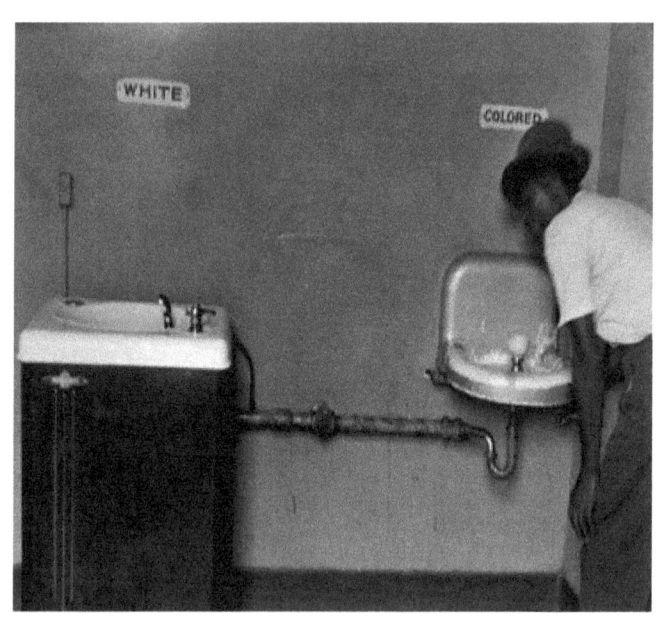

Elliott Erwitt

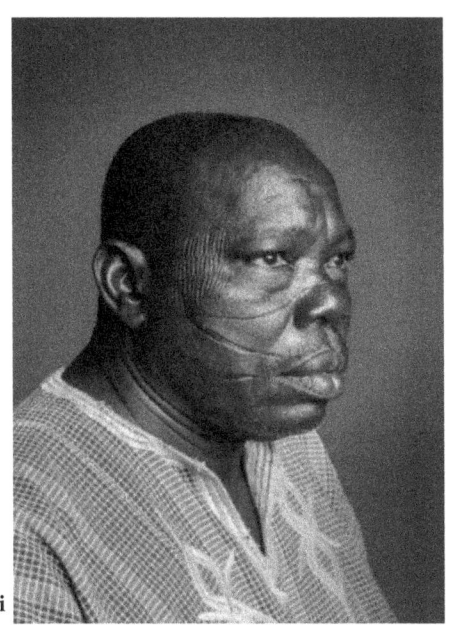

Culturas ancestrais e contemporâneas na escola 263

Joana Choumali

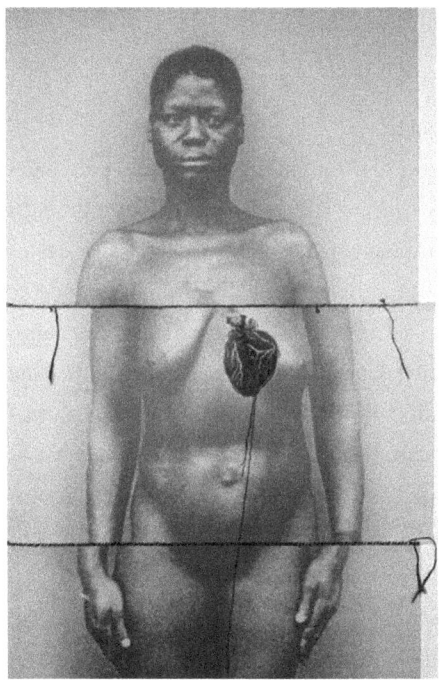

Rosana Paulino

Sétima etapa: Por fim, é possível provocar uma vivência dos processos individuais e coletivos trabalhados na sala de aula, com a elaboração de *projetos* que visem uma atuação ou intervenção na cultura e no território da comunidade. Fazendo uso de recursos convencionais e das novas tecnologias da informação e da comunicação, os (as) alunos (as) podem ser estimulados a pensar nas problemáticas do bairro e como as mesmas se articulam com a questão étnico-racial. Em consonância com o Trabalho Colaborativo Autoral (TCA), previsto no currículo das escolas municipais de São Paulo, que visa a sistematização de pesquisas que estimulem os (as) alunos (as) a pensar nas soluções de problemas locais, a fotografia pode ser um recurso utilizado a favor da denúncia e da ressignificação do olhar sobre a comunidade. O uso da imagem para a questão social poderá repercutir em diferentes propostas políticas, estéticas, éticas e afetivas por meio das quais os (as) alunos (as) tenham condições de se sentirem protagonistas, responsáveis e estimulados para atuar na transformação de sua realidade local.

Relato desta experiência:

"Uma das atividades que realizamos foi um passeio pelo bairro onde os (as) adolescentes fizeram diversos registros fotográficos da comunidade. Depois de uma apropriação crítica e criativa destes dispositivos na sala de aula, um simples passeio pelo bairro pode se transformar em um poderoso protesto contra as práticas de racismo e preconceito que são engendradas na experiência cotidiana e cuja repercussão se expande para além dos muros da escola. Os (as) alunos (as), com as câmeras na mão capturaram muitas imagens das pessoas do bairro, a quem eles pediam para fotografar. Buscando ressignificar a música "Serviço de Preto", que havíamos aprendido no início do semestre, cada aluno (a) com uma frase da música na mão buscou trazer em imagens a realidade daquele bairro conectada à letra de rap que haviam aprendido. Uma nova imagem para a música "Serviço de

Preto" surgia através do entrelaçamento entre o passado e o presente de nossas aulas que se expressava no olhar atento e sensível dos (as) alunos (as) a cada detalhe daquele território. A palavra liberdade foi associada à leveza do balanço de uma criança negra brincando no parque. Já a imagem dos catadores de lixo do bairro representou uma parte da música que dizia: "O que nos resta agora: trabalhar sem dia, sem hora, sem escala, cem horas por semana, sem grana, sem nada, sem pausa, com náusea, sem causa. Com trauma são pretos ditos sem alma.". Quanto ao refrão da música, que diz "Eu vou viver, eu vou vencer, vou chegar lá", os (as) adolescentes tiraram uma foto de um homem negro e forte, fazendo exercícios de barra próximo à escola. Percebemos que eles conseguiram extrair da realidade detalhes que antes passavam desapercebidos pelo olhar apressado e "naturalizado" do cotidiano. A denúncia de cada fragmento da realidade daqueles jovens pode ser capturada pelas câmeras que eternizaram, por meio das imagens, a desigualdade do contexto que eles vivenciavam. O simbolismo presente na palavra "revolução" fotografada no muro ou ainda, a imagem do morador de rua descansando no banco da praça ao lado de um cachorro representava uma bela e dolorida expressão artística e estética conectada à experiência de cada adolescente que se dispôs a captar aquelas imagens. O fascinante encontro de narrativas e imagens presentes naquelas fotografias provocou um elo significativo entre o passado e presente representado na música e na realidade vivenciada naquele espaço. Foi um passeio muito vivo e repleto de sentidos entre o que pudemos aprender juntos em sala de aula conectado ao lugar de pertencimento de cada adolescente que participou desta experiência.

Associada com a seguinte frase da música "Serviço de Preto" de Daniel Garnet e PeQnoh: "éramos guerreiros príncipes e camponeses, Agora nos denominam vagabundos, viajamos nos navios negreiros por meses, nosso mundo novo, agora é o novo mundo"

Associada com a seguinte frase da música "Serviço de Preto" de Daniel Garnet e PeQnoh: "O que nos resta agora é trabalhar sem dia, sem hora. Sem escala, cem horas por semana, sem grana"

Associada com a seguinte frase da música "Serviço de Preto" de Daniel Garnet e PeQnoh: "Imagine que você vive em harmonia
É livre tem pai e mãe, tem filho e filha
Num clique, numa armadilha, alguém te oprime
Regime que te humilha e te suprime."

Associada com a seguinte frase da música "Serviço de Preto" de Daniel Garnet e PeQnoh: "Eu vou viver, eu vou vencer, vou chegar lá!"

O projeto também contou com eventos específicos, como: sarau, passeios (visita ao Quilombo Ivaporunduva no Vale do Ribeira e visita ao Museu afro) e batalha de rimas com rappers do interior de São Paulo. Também tivemos a participação da pesquisadora Lorena Souza em algumas atividades teatrais direcionadas aos alunos interessados em apresentar uma peça sobre drogas e racismo em seus TCA's.

Pesquisadora Lorena e alunos organizando a peça de teatro

Encerramento do Projeto Griot Digital:

Após dois anos do Projeto *Griot Digital (2016/2017)*, finalizamos nossas atividades com uma descontraída comemoração na *Skate Park Cavepool*[5]. Neste ambiente diferenciado, os (as) adolescentes compartilharam seus aprendizados, cantaram, jogaram capoeira, fizeram registros fotográficos, brincaram com os professores na pista de skate, e se despediram do 9º ano levando na bagagem outras versões do passado e novas possibilidades para o futuro.

---

5   A *Cavepool* fica localizada na região do Butantã, próximo a escola. Agradecemos ao Ramon Zayas, proprietário do espaço, pela parceria e por acreditar neste trabalho.

Alunos e pesquisadores na Cavepoll durante o evento de encerramento do Projeto.

Culturas ancestrais e contemporâneas na escola 269

Depoimentos sobre a experiência no Projeto Griot Digital:

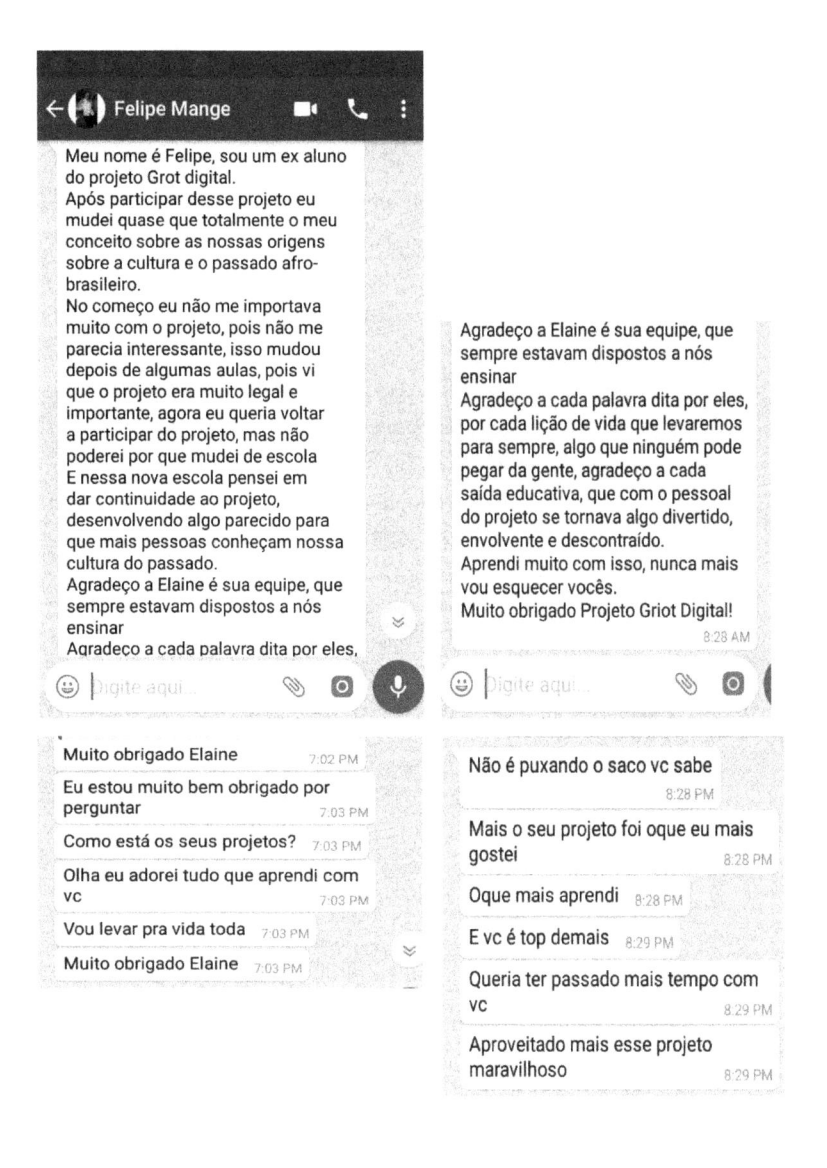

Felipe Mange

Meu nome é Felipe, sou um ex aluno do projeto Grot digital.
Após participar desse projeto eu mudei quase que totalmente o meu conceito sobre as nossas origens sobre a cultura e o passado afro-brasileiro.
No começo eu não me importava muito com o projeto, pois não me parecia interessante, isso mudou depois de algumas aulas, pois vi que o projeto era muito legal e importante, agora eu queria voltar a participar do projeto, mas não poderei por que mudei de escola
E nessa nova escola pensei em dar continuidade ao projeto, desenvolvendo algo parecido para que mais pessoas conheçam nossa cultura do passado.
Agradeço a Elaine é sua equipe, que sempre estavam dispostos a nós ensinar
Agradeço a cada palavra dita por eles,

Agradeço a Elaine é sua equipe, que sempre estavam dispostos a nós ensinar
Agradeço a cada palavra dita por eles, por cada lição de vida que levaremos para sempre, algo que ninguém pode pegar da gente, agradeço a cada saída educativa, que com o pessoal do projeto se tornava algo divertido, envolvente e descontraído.
Aprendi muito com isso, nunca mais vou esquecer vocês.
Muito obrigado Projeto Griot Digital!
8:28 AM

Muito obrigado Elaine 7:02 PM
Eu estou muito bem obrigado por perguntar 7:03 PM
Como está os seus projetos? 7:03 PM
Olha eu adorei tudo que aprendi com vc 7:03 PM
Vou levar pra vida toda 7:03 PM
Muito obrigado Elaine 7:03 PM

Não é puxando o saco vc sabe 8:28 PM
Mais o seu projeto foi oque eu mais gostei 8:28 PM
Oque mais aprendi 8:28 PM
E vc é top demais 8:29 PM
Queria ter passado mais tempo com vc 8:29 PM
Aproveitado mais esse projeto maravilhoso 8:29 PM

"Percebo hoje alunos (as) mais fortalecidos, mais empoderados, aos poucos elevando a auto estima com a discussão de nossa ancestralidade africana e a valorização de seus saberes. Foi lindo ver a felicidade de cada um nas oficinas de fotografia..."

(Professora Vilma Nardes)

"No Projeto percebi que entrar em contato com as histórias difíceis de serem contadas, não significava simplesmente lembrar-se de algo ruim, representa trazer à tona outras versões muito mais potentes de nós mesmos. Os recursos digitais utilizados a favor deste passado doloroso, mas poderoso, trazem um encantamento capaz de unir experiências individuais e coletivas, nos oferecendo novas possibilidades de conexões que até pouco tempo atrás, eram impossíveis."

(Pesquisadora Elaine na finalização do Projeto)

8. GRUPO DE ESTUDOS JUNTO À COORDENAÇÃO PEDAGÓGICA PARA PENSAR A QUESTÃO ÉTNICO-RACIAL

Apresentação

Patrícia Hetti[1] desenvolveu um trabalho de formação das coordenadoras pedagógicas da EMEF Saturnino Pereira, Elisangela Leal e Odete Carvalho, com o objetivo de proporcionar momentos de leitura e reflexões a partir de determinados teóricos que trataram da questão do negro no Brasil desde o século XIX até o momento atual, envolvendo temáticas relativas a questões étnico-raciais, o processo da diáspora negra, para que relacionassem estes temas ao debate sobre o preconceito e o racismo na sociedade brasileira e na escola em particular. A questão para as coordenadoras era como enfrentar o racismo presente nas práticas cotidianas na escola. Para este enfrentamento, sentiam necessidade de uma discussão aprofundada das dimensões histórico-sociais do racismo brasileiro.

Trabalharam inicalmente com autores brasileiros, como Gilberto Freyre, Florestan Fernandes, Kabengelê Munanga, no campo sociológico e para explorar a dimensão psicológica, estudaram o livro Psicologia Social do Racismo, organizado pelas Professoras Iray Carone e Maria Aparecida Silva Bento.

Neste trabalho realizado com as coordenadoras pedagógicas da EMEF Saturnino Pereira pode amadurecer toda uma discussão sobre a questão do racismo institucional, que se encontrava presente na cultura escolar, assim como no ritual e práticas pedagógicas, o que, de algum modo, dificultava o avanço de propostas inovadoras como a que nos propunhamos a realizar.

Daí a importância do trabalho da psicóloga Ohara que discutiu o papel das docências compartilhadas com o conjunto dos(as) professores(as) e de nosso trabalho em sala de aula com os(as) professores(as) parceiros(as), conjuntamente com artistas e pesquisadores(as).

---

[1] Doutora em Educação pela FEUSP e Profa do Instituto Federal de Educação Tecnológica de São Paulo.

O trabalho realizado pela psicóloga Ohara de Souza Coca foi essencial para a difusão das ideias de nosso projeto no interior da escola, dando continuidade ao trabalho desenvolvido pelo pesquisador pós-doc Álvaro Camargo.

Ohara, depois de ter criado um ambiente de confiança com os(as) professores(as), introduziu a temática das docências compartilhadas, convidando, inicialmente, os(as) professores(as) engajados(as) nas parcerias de nosso projeto a expor suas experiências com os arte-educadores(as) e pesquisadores(as) em sala de aula, para depois fazer com que os(as) mesmos(as) repensassem, em duplas, estratégias didáticas alternativas.

Com isso, ampliou o universo de trocas de experiências em sala de aula entre os(as) professores(as), contribuindo, assim, para uma reflexão aprofundada sobre o papel do professor em sala de aula. Embora muitos se queixassem das coisas que não funcionavam na escola (como os aparelhos que falhavam na hora da aula), o que os frustrava bastante, foi possível fazê-los(as) pensar sobre a importância das formas lúdicas de ensinar, da relevância das culturas populares, do conhecimento dos modos de vida e de pensar dos povos indígenas e afro-brasileiros desde os tempos coloniais, com ênfase nas conquistas e não apenas nas derrotas e humilhações sofridas por esses povos.

Portanto, mesmo que Ohara tenha observado que nas propostas de aula alternativas, a temática étnicorracial pouco surgiu, uma transformação estava sendo produzida naquele ambiente de professores. Ao perceber que esta temática não estava sendo tratada devidamente, Ohara ainda propôs uma discussão sobre o mapa da violência, o que necessariamente traria à tona a questão racial, uma vez que nele ficava estampado o genocídio a que a juventude negra, moradores da periferia, encontravam-se submetidos.

Também desenvolveu discussões sobre a adolescência do ponto de vista psicanalítico e social, procurando desenvolver neles um olhar atento, tanto para a realidade do(a) jovem negro(a) morador(a) da periferia, quanto para a comunidade da qual faziam parte os(as) alunos(as) daquela escola.

Ohara ainda conseguiu por meio de jogos e dinâmicas de grupo fazer com que os(as) professores(as) rompessem estereótipos, ou no mínimo repensassem suas ideias pré-formadas que os(as) levavam a ter atitudes preconceituosas. Foi importante esta discussão para que pudessem inclusive repensar suas relações com os(as) alunos(as) considerados(as) difíceis e a prática de suspensão do(a) aluno(a) pode ser discutida mais aprofundadamente.

A formação da coordenação pedagógica e a questão étnicorracial na escola

Maria Patrícia Cândido Hetti[2]

Ao entrarmos em contato com as coordenadoras pedagógicas[3] da escola e com o grupo de professores, percebemos quão essencial era o trabalho exercido por elas junto aos professores e o papel fundamental que poderiam exercer para o encaminhamento do projeto na escola. Tanto foi assim que, ao longo de toda a pesquisa, as coordenadoras viabilizaram parcerias, organizaram os horários das docências compartilhadas dos professores, artistas e pesquisadores, enfim, viabilizaram o processo de formação docente, além de estarem à frente da organização de eventos coletivos que davam visibilidade aos trabalhos realizados em sala de aula.

Diante de tantas demandas, as coordenadoras pedagógicas que, desde o início do projeto, entenderam a necessidade e a importância da atuação dos pesquisadores no contexto escolar, sentiram a necessidade de um momento para refletir, planejar e organizar suas

---

2   Doutora pelo Programa de Pós-graduação em Educação da FEUSP e Profa do Instituto Federal de Educação Tecnológica de São Paulo.

3   Este trabalho foi realizado junto às coordenadoras pedagógicas, Elisângela Silva do Amaral e Odete Silva Carvalho, da EMEF Saturnino Pereira.

ações dentro da escola. Momento em que foi solicitada realização de um grupo de estudos somente com as coordenadoras, que teria como objetivo proporcionar um espaço para reflexão sobre suas ações na escola e no projeto, bem como para realizar leituras e pesquisas sobre a questão étnicorracial na sociedade brasileira.

Nos encontros, foram realizados debates e análises referentes à discussão da história do Brasil do ponto de vista da história e cultura negadas dos afrodescendentes, principalmente no sentido de compreender a nossa formação, tendo a escravidão negra como elemento importante para entender as bases das relações sociais e étnicorraciais brasileiras, as instituições sociais e o racismo institucional. E, de maneira mais precisa, como tudo isso interferia na instituição escolar, bem como na história individual e coletiva.

As coordenadoras buscaram fundamentos teóricos que permitissem compreender o racismo e o preconceito na sociedade brasileira e a necessidade de uma educação que valorizasse as culturas das populações historicamente excluídas. Consideraram importante uma educação que desvelasse o racismo e o preconceito, mas se ressentiam da falta de fundamentos consistentes para demonstrar aos docentes a necessidade e a importância de uma educação emancipatória e crítica do ponto de vista étnicoracial.

Os primeiros temas abordados nas reuniões foram as teorias raciais europeias do final do século XIX e como estas teorias foram implementadas no contexto pós-abolicionista no Brasil. Após entendermos que algumas narrativas atuais sobre o negro remontavam àquele período, começamos a articulá-las aos discursos correntes no espaço escolar. Tais debates foram significativos, pois desde o início, perceberam que as novas leituras conferiam outra perspectiva e um novo olhar às ações e ao trabalho realizado junto aos professores na escola.

A busca de um fundamento teórico foi se consolidando cada vez mais, uma vez que permitiu que as coordenadoras se tornassem mais seguras nas atitudes e discursos adotados perante a comunidade escolar. As discussões foram trazendo à tona outros aspectos da temática étnicorracial. Analisamos textos de autores, como Gilberto Freyre, Florestan Fernandes e Kabengele Munanga, para nos aprofundarmos sobre a narrativa da mestiçagem e a questão da integração do negro na sociedade após a abolição da escravidão.

Além dessas análises, percebemos a necessidade de analisarmos questões que tocavam diretamente na relação entre a escola, como instituição, e os alunos: a questão do corpo negro. Ponderamos sobre a complexidade de ser negro na sociedade brasileira, como os brancos se comportavam diante do homem negro e da mulher negra e como poderíamos começar a compreender a construção da subjetividade negra.

Um autor importante para iniciarmos tal debate, foi Frantz Fanon. Em *Pele negra, máscaras brancas* (2008), buscamos analisar, principalmente, como o autor expõe o problema da constituição do sujeito negro no interior do universo narcísico branco, uma vez que o negro, ao ser assimilado à ideologia do branco, não encontra no trabalho a condição de sua libertação como preconizara Hegel (1807, 1974), mas ao contrário, vê-se aprisionado ao ideal do senhor. Sustenta que, para reverter esse destino dado ao sujeito negro, seria preciso promover uma ruptura com toda a racionalidade branca ocidental e com esse outro de si (branco) que nele se inocula, para ir ao encontro de seu corpo negro, do ritmo e da consciência negra em sua "densidade absoluta". A força do texto de Fanon permitiu-nos compreender os mecanismos sociais, econômicos e psicológicos do processo de embranquecimento a que deram lugar, tanto as políticas adotadas no Brasil Colonial e Pós-Colonial, como todo o processo de colonização da África que perdurou até o final do século XX.

Ainda seguindo a discussão sobre o corpo negro, outro aspecto importante nas discussões foi a temática da beleza negra. Utilizamos vários textos para abordar este aspecto, pois no cotidiano escolar a questão da cor, do corpo e do cabelo eram constantemente lembrados das mais variadas formas nas relações entre os membros da comunidade escolar. A negação do sujeito negro presente nas falas, nos comportamentos e nos silêncios das pessoas na escola foram focos importantes para o debate com as coordenadoras.

Para finalizar nossas discussões, analisamos a teoria crítica com a apresentação dos seus principais autores e com especial atenção para a teoria do reconhecimento de Axel Honneth em sua obra *Luta por reconhecimento: a gramática moral dos conflitos sociais* (2003). Buscamos estabelecer um diálogo entre "a gramática moral dos conflitos" proposta pela teoria do reconhecimento do autor, com base na formação do indivíduo a partir de relações intersubjetivas e em uma prática pedagógica que atentasse para a compreensão do processo de negação dos valores e dos direitos da população negra no Brasil, bem como das lutas pelo reconhecimento desse grupo excluído.

Adotamos, ao longo do percurso, um processo de formação pautado em uma abordagem crítica sobre como a questão étnicorracial é vivida nas escolas, despertando um novo olhar sobre as relações raciais nesse ambiente e sobre como o processo histórico brasileiro pode levar os negros à negação de sua própria natureza e cultura, resultando, muitas vezes, em uma baixa autoestima, que os faz buscar no embranquecimento um lugar de pertencimento na sociedade.

Ao examinarmos a complexidade das relações sociais existentes em nosso país, deparamo-nos com a necessidade de desenvolver discussões fundamentadas em uma compreensão dialética da formação do eu e do outro a partir de relações intersubjetivas, mediadas por conflitos e tensões interrraciais e de classe, muitas vezes, não explicitadas. O processo de reconhecimento do outro, do reconhecimento de direitos e de valores de uma cultura indicam a possibilidade de enriquecimento social, no sentido de entender que na relação com o outro emergem conflitos e possibilidades de superação que podem fazer com que a sociedade rompa com mecanismos retificadores.

Bibliografia

AMARAL, M. O rap, a revolução e a educação – do Bronx à Primavera Árabe. *Revista IDE*. Fé e Razão. São Paulo, 2013, 56: 145-159.

_____, M.G.T. do. O rap, o hip-hop e o funk: a "eróptica" da arte juvenil invade a cena das escolas públicas nas metrópoles brasileiras, *Revista Psicologia USP,* São Paulo, 2011, 22(3) 593-620.

Andrade, E.N. (org.). *Rap e educação, rap é educação.* São Paulo: Summus, 1999.

Appiah, K.A.. "Identidade, autenticidade, sobrevivência. Sociedades multiculturais e reprodução social". In: Taylor, C. *El multiculturalismo y la política del reconocimiento.* México: Fondo de Cultura Econômica, 2009, pp. 213-232.

BRAGA, Amanda. *Retratos em Branco e Preto: discursos, corpos e imagens em uma história da beleza negra no Brasil.* João Pessoa: UFPB, 2013. Tese (doutorado).

CARONE, Iray e BENTO, Maria Ap. S. *Psicologia Social do racismo-* estudos sobre branquitude e branqueamento no Brasil. 4ª edição. Rio de Janeiro: Editora Vozes, 2009.

FANON, Frantz. *Pele negra e máscaras brancas.* Trad. Renato da Silveira. Salvador: EDUFBA, 2008.

FREYRE, Gilberto. *Casa Grande & Senzala -* O escravo negro na vida sexual e de família do brasileiro. Rio de Janeiro: Global, 2010.

FERNANDES, Florestan– *A Integração do Negro na Sociedade de Classes.* 1ª edição. São Paulo: Globo, 2008 *(*Cap. III – Heteronomia Racial na Sociedade de Classes (Vol. 1) e Cap. III – *O Problema do Negro na Sociedade de Classes* (Vol.2)).

GUIMARÃES, A. S. Como trabalhar com raça em Sociologia. *Educação e Pesquisa*. São Paulo, v.29, n.1, p. 93-107, jan./jun. 2003;

HALL, Stuart. *Da diáspora – identidades e mediações culturais.* Belo Horizonte: Ed. UFMG, 2013.

HEGEL, G. W. F. (1974). *A fenomenologia do espírito*. Seleção, tradução e notas de Henrique Cláudio de Lima Vaz. São Paulo: Abril Cultural. p. 11-81. (Os Pensadores, v. XXX).

HERNANDEZ, L. *A África na sala de aula*: visita à história contemporânea. São Paulo: Summus Ed., 2005.

HERSCHMANN, M. *O funk e o hip hop invadem a cena*. Rio de Janeiro: Ed. UFRJ, 2005.

HETTI, Maria Patrícia Cândido. *Educação e teoria do reconhecimento: reflexões sobre uma experiência com a formação de jovens alunos na Escola de Aplicação da USP*. 2017. Tese (Doutorado em Educação) - Faculdade de Educação da USP

HILL, Marc L. *Batidas, rimas e vida escolar*. Rio de Janeiro: Ed. Vozes, 2014.

HONNETH, Axel. *Luta por reconhecimento*: a gramática moral dos conflitos sociais. Tradução de Luiz Repa. São Paulo: Ed. 34, 2003.

MACHADO, Carlos Eduardo Dias. *A população negra e a escolarização na cidade de São Paulo nas décadas de 1920 e 1930*. Dissertação, 2009.

NASCIMENTO, Abdias do. *O genocídio do negro brasileiro*: processo de um racismo mascarado. São Paulo: Perspectiva, 2016.

ROMÃO, Jeruse (org.). *História da Educação do Negro e outras histórias*. Secretaria de Educação Continuada, Alfabetização e Diversidade. – Brasília: Ministério da Educação, Secretaria de Educação Continuada, Alfabetização e Diversidade. 2005.

SHWARCZ, L. Entre "homens de *sciencia*". In: *O espetáculo das Raças*. SP: Cia. das Letras, 2011.

SCHWARCZ, L. Uma história de "diferenças e desigualdades": as doutrinas raciais do século XIX. In: *O espetáculo das Raças*. SP: Cia. das Letras, 2011.

O Grupo Operativo como estratégia de reflexão: a experiência da Docência Compartilhada

Ohara de Souza Coca[1]

A proposta deste trabalho surgiu a partir da percepção dos arte-educadores/pesquisadores do projeto sobre a necessidade de um espaço de escuta para que os professores pudessem expor suas dúvidas e refletir sobre os desafios relacionados à prática da docência compartilhada[2]. Também foi objeto desta pesquisa perceber como o conjunto dos professores, com base nesta experiência, poderia repensar os conteúdos de suas disciplinas relacionando-os com a história da África e cultura afro-brasileira para a efetivação da Lei 10.639/2003 em sala de aula. Desta forma, visando contemplar a maior parte do corpo docente da escola, foram formados dois grupos operativos na EMEF Saturnino Pereira durante o horário da JEIFE (Jornada Especial Integral de Formação), coordenados pela psicóloga, Ohara de Souza Coca.

Como objetivo principal, buscou-se oferecer um espaço continente para os docentes, sendo-lhes possível expressar suas angústias, ansiedades, sentimentos e desafios coletivos relacionados à prática da docência compartilhada no cotidiano da escola. A técnica do grupo operativo, centrada em uma atividade, permitiu trabalhar as demandas de acordo com as necessidades apresentadas pelos professores, envolvendo um processo dinâmico de grupo. A partir da problematização da realidade e vivência grupal, foi possível promover um espaço de reflexão e uma possível

---

1 Psicóloga e Bolsista Técnica pela FAPESP (TTIII).
2 Proposta que busca compartilhar docências entre diferentes disciplinas. No projeto de políticas públicas "*O ancestral e o contemporâneo nas escolas: reconhecimento e afirmação de histórias e culturas afro-brasileiras*", a docência compartilhada ocorreu entre professores, pesquisadores e arte-educadores, tendo por objetivo a interlocução do que é ensinado em sala de aula e as culturas afro-brasileiras.

mudança dos envolvidos no que diz respeito aos desafios da docência. Simultaneamente, também foram trabalhadas questões relacionadas ao grupo, como melhoria dos vínculos, sentimentos de afiliação e pertença[3], cooperação[4] e pertinência[5]. Os membros puderam ser escutados e acolhidos, e por meio das trocas e reflexões buscou-se oferecer a possibilidade de ressignificar temas relacionados ao contexto escolar.

As atividades do 1º semestre tiveram um caráter mais pessoal, permitindo que os professores falassem sobre suas vivências, retomando e ressignificando a escolha da profissão, e também compartilhando uma experiência significativa referente à pratica da docência. A partir de uma atividade em que não era necessário se identificar, o grupo pode expor e discutir sobre os principais desafios encontrados na docência, como: a dificuldade de comunicação com os colegas de trabalho e estudantes; indisciplina em sala de aula; dificuldades para compreender e lidar com os alunos, entre outras situações. Na medida em que foram se sentindo mais à vontade, o grupo de professores trouxe demandas advindas do trabalho com os adolescentes, que foram acolhidas e trabalhadas, envolvendo temáticas, como: suicídio, automutilação, luto, frustrações e expectativas em sala de aula.

No segundo semestre, tomando em consideração o vínculo estabelecido entre os envolvidos no presente projeto, o ritmo dos grupos e as reflexões suscitadas, adentramos de fato na temática da docência compartilhada e questões ligadas ao projeto, como o preconceito racial e a possibilidade de implementar novas estratégias didáticas. Os

---

3 PICHON - RIVIÈRE (1991) estruturou uma avaliação do processo grupal por meio de 6 vetores: Afiliação e Pertença, cooperação, pertinência, comunicação, aprendizagem e tele. A afiliação e pertença indicam o grau de envolvimento do indivíduo com o grupo e a tarefa.

4 Cooperação: Capacidade que cada indivíduo tem para colaborar com os demais membros e com a coordenadora do grupo.

5 Pertinência: proposta de centrar o grupo na tarefa proposta, rompendo estereótipos, ansiedades e vencendo a resistência à mudança.

encontros foram mais dinâmicos, com discussão de filmes, apresentações das docências compartilhadas envolvendo slides, músicas e trechos das filmagens e vídeos produzidos pelo projeto "*O ancestral e o contemporâneo nas escolas: reconhecimento e afirmação de histórias e culturas afro-brasileiras*" (Fapesp:2015/50120-8).

Além das apresentações das docências compartilhadas desenvolvidas no projeto, houve uma atividade específica em que os professores deveriam criar e apresentar, em duplas, uma proposta semelhante. No decorrer da atividade, foi possível discutir sobre diferentes estratégias didáticas possíveis, além de propiciar uma reflexão sobre as dificuldades e benefícios da implementação de tais propostas. Chamou a atenção como, mesmo após este mergulho propiciado pelo compartilhamento de experiências envolvendo temáticas étnicorraciais, prevaleceu uma dificuldade de pensar em aulas falando diretamente de temáticas afro-indígenas e cultura popular, destacando-se a necessidade e a importância de se atuar de forma coletiva, para que se rompa com preconceitos e estereótipos e para que se promova a valorização destas culturas.

O artigo de OLIVEIRA & FULGÊNCIO (2010), "*Contribuições para o estudo da adolescência sob a ótica de Winnicott para a Educação*", possibilitou uma ampla discussão sobre a adolescência, uma vez que o texto propiciou uma identificação dos grupos com algumas situações apontadas no texto e o aprofundamento de reflexões sobre a relação professor-aluno e a importância de desenvolver o vínculo afetivo. A partir deste artigo, foi possível expor um pouco mais sobre as características da adolescência e principalmente o papel da escola e do professor. Neste contexto, os autores enfatizaram a importância do (a) professor(a) conseguir reconhecer a necessidade dos alunos e de se adaptar da melhor maneira às necessidades dos alunos, criando condições para desenvolver a capacidade criativa dos jovens, além de propiciar um espaço de troca de experiências, comunicação e convivência. De acordo com uma perspectiva winnicottiana, o papel da escola, como "ambiente suficientemente bom", deveria ser o de apoiar o adolescente em seu amadurecimento, propiciando-lhe os cuidados e também os limites, mas, sempre de forma dialógica e compreensiva.

Considerando a escola como um ambiente que sofre impacto de tudo o que acontece na sociedade, percebe-se a necessidade de preparar os professores não apenas teoricamente, mas principalmente do ponto de vista psicológico e emocional, tornando possível lidar com as demandas dos alunos e da escola de modo salutar. O grupo operativo permitiu desenvolver um olhar dinâmico sobre o grupo, bem como a possibilidade de, por meio de tarefas, trabalhar também a dimensão inconsciente do grupo, atuando sobre as fantasias, medos e ansiedades do professor em determinadas situações em sala de aula. Percebeu-se como sendo fundamental a realização de trabalhos junto aos alunos que despertem neles o senso crítico, permitindo aos envolvidos refletir, aprender, assim como a possibilidade de solucionar os conflitos de forma criativa, enxergando além do que lhe é habitual.

O grupo operativo como estratégia de reflexão demonstrou-se efetivo, mas foi apenas o início de um processo de trabalho em grupo, por meio do qual se procurou propiciar aos professores uma autorreflexão a partir de uma experiência didática renovadora.

Bibliografia

BRASIL. Presidência da República. *Lei nº 10.639*, de 9 de janeiro de 2003. Altera a Lei nº 9.394, de 20 de dezembro de 1996, que estabelece as diretrizes e bases da educação nacional, para incluir no currículo oficial da rede de ensino a obrigatoriedade da temática "História e Cultura Afro-Brasileira", e dá outras providências. Disponível em: http://www.planalto.gov.br/ccivil_03/leis/2003/L10.639.htm

OLIVEIRA, D. M. de & FULGÊNCIO, L. P. Contribuições para o estudo da adolescência sob a ótica de Winnicott para a Educação. *Psicologia em Revista*. São Paulo, 2010, 16(1): 67-80.

PICHON - RIVIÈRE, R. *O processo grupal*. (4a ed.). São Paulo: Martins Fontes, 1991.

CONSIDERAÇÕES FINAIS

O conceito de *Epistemologia do Sul*, de Boaventura de Souza Santos, foi essencial no sentido de alinhavar um novo paradigma teórico, a partir do qual construímos os fundamentos das questões relativas ao conhecimento que acreditávamos ser essencial para romper com o eurocentrismo reinante nas escolas de nosso país, seja do ponto de vista do conhecimento ali reproduzido, seja do ponto de vista dos rituais da escola.

A própria forma com que estruturamos a pesquisa, envolvendo culturas populares, ancestrais e contemporâneas, em diálogo com as disciplinas de história, português, leitura, literatura, educação física, matemática, etc, por meio da docência compartilhada em sala de aula, significou também uma ruptura com o chamado conhecimento cientifico neutro e universal, na verdade, eurocêntrico e com a ideia que sempre o acompanhou de uma separação rígida entre sujeito e objeto da pesquisa. Esse passo implicou um forte empenho dos(as) pesquisadores(as) e professores(as) em busca de um conhecimento culturalmente relevante, sempre em diálogo, ainda que tenso, entre o conhecimento oficial e os saberes oriundos de práticas populares com as quais os(as) alunos(as) estavam familiarizados(as), permitindo que estes(as) se reconhecessem no conhecimento construído em sala de aula, passando a ver nele algo significativo para suas vidas.

De outro lado, dentro de uma perspectiva afrocêntrica, procurou-se trazer as práticas circulares de matriz africana presentes nas culturas ancestrais, como na capoeira e no maculelê, no teatro negro, ou mesmo nas contemporâneas, como nas artes do hip-hop, envolvendo o rap, o *breaking* e o *graffiti,* de modo a romper com toda e qualquer linearidade entre o passado e o presente numa perspectiva evolucionista.

Outra questão importante foi o trabalho realizado em todas as docências compartilhadas no sentido de desnaturalizar as diferenças, procurando encaminhar as reflexões em sala de aula em direção a uma concepção de diferença como valor, sem que isso implicasse em justificativa para ocultar as desigualdades étnicorraciais e de classe. Uma preocupação que sempre esteve presente de maneira a oferecer subsídios para que alunos(as), professores(as) e coordenação pudessem enfrentar teoricamente a questão do racismo.

Nosso projeto visou a construção de uma educação emancipatória e da necessidade de reconhecimento das culturas e identidades de nossas populações historicamente prejudicadas, conforme apontado por Axel Honneth (2003)[1] - no caso os afrodescendentes e indígenas – que procurasse pensar na formação do aluno, na mesma direção apontada pelo filósofo Theodor Adorno (1995)[2], que se preocupou com o desenvolvimento do sentido de humanidade, voltado para o encontro com o outro, não idêntico.

E, por fim, uma preocupação que ganhou novos contornos quando tivemos contato com o livro *A crítica da Razão Negra*, de Mbembe (2017)[3], que defende a descolonização do modo de pensar eurocêntrico, baseado no respeito ao outro, mas que necessariamente deve ser acompanhado, não apenas do reconhecimento dos direitos de identidade, mas de um outra concepção de justiça e de responsabilidade social, capaz de reparar os danos infligidos aos povos que foram efetivamente prejudicados pelo racismo sofrido. Estas reflexões nos fizeram pensar inclusive no racismo institucional que está impregnado nas práticas escolares e que há muito tempo vêm sendo naturalizadas.

Acreditamos, por fim, que este livro possa oferecer às escolas um conjunto de sugestões de atividades e literatura, necessárias ao desenvolvimento pleno de uma didática e de um currículo descolo-

---

1 Honneth, A. *Luta por reconhecimento*: a gramática moral dos conflitos sociais. Trad. de Luiz Repa. São Paulo: Editora 34, 2003.
2 Adorno, T.W. *Educação e emancipação*. Rio de Janeiro: Paz e Terra, 1995.
3 MBEMBE, A. *Crítica da razão negra*. Tradução de Marta Lança. Lisboa: Antígona, 2017.

nizados, desenvolvendo as habilidades e competências essenciais para que possamos dialogar com o mundo global a respeito de novas perspectivas para uma educação equitativa e de qualidade para todos (as).

Alameda nas redes sociais:
Site: www.alamedaeditorial.com.br
Facebook.com/alamedaeditorial/
Twitter.com/editoraalameda
Instagram.com/editora_alameda/

Esta obra foi impressa em São Paulo no inverno de 2018. No texto foi utilizada a fonte Minion Pro em corpo 10,3 e entrelinha de 15,3 pontos.